壹卷
YE BOOK

洞 见 人 和 时 代

"经典与解释"
论丛

刘小枫 主编

寻找新的主体

19世纪的革命、政治与共同体话语

梁展 著

四川人民出版社

古典教育基金·"传德"资助项目

目录

§ 引　言　流放者归来：麦尔维尔、奴隶制与主体性问题的起源 / 001

§ 第一章　寻找新的主体：西耶斯、黑格尔与青年马克思的政治共同体构想 / 045

　　一、第三等级作为民族 / 045

　　二、民族作为个人的联合体 / 059

　　三、君主主权与人民主权 / 075

　　四、现实政治与主权归属 / 097

　　五、谁是普遍阶级？／ 121

　　六、民族与无产阶级共同体 / 134

§ 第二章　反叛的幽灵：马克思、本雅明与1848年法国革命中的小资产阶级知识分子 / 149

　　一、谁是小资产阶级？／ 149

二、密谋家 / 161

三、浪荡汉或波希米亚文人 / 178

四、幽灵 / 195

§ 第三章　世界主义、种族革命与《共产党宣言》中译文的诞生：以《天义》《衡报》的社会主义宣传为中心 / 211

一、《共产党宣言》与欧洲革命 / 211

二、《共产党宣言》与亚洲的联合 / 221

三、无产阶级革命/平民革命 / 245

四、《共产党宣言》与清末革命思想的分化 / 264

引　言 ｜ 流放者归来：麦尔维尔、奴隶制与主体性问题的起源

1850年2月，赫尔曼·麦尔维尔结束在伦敦、巴黎、布鲁塞尔、科隆和科布伦茨的旅行，乘海轮返回了美国。在大西洋彼岸逗留期间，他拜访了伦敦的文学出版商、英语作家和戏剧家，搜集了不少有关欧美商船远赴南太平洋地区捕鲸的书籍。麦尔维尔刚刚回到纽约家中，便迫不及待地想要抓住欧洲同行们给他带来的文学灵感，结合自己作为普通的水手先后随三艘分别来自美国和澳大利亚的商船前往南太平洋捕鲸的三年零九个月（1841—1844）的冒险经历[1]，还有他阅读的大量航行

---

[1] Wilson Heflin, *Herman Melville's Whaling Years*, eds. Mary K. Bercaw Edwards and Thomas Farel Heffernan, Nashville: Vanderbilt University Press, 2004.

日志以及水手们的传奇故事，撰写一部别出心裁的捕鲸小说。此前，这位作家已经发表了《泰比》（1846）、《奥穆》（1847）等五部自传体或半自传体作品，这些作品在商业上取得的成功促使麦尔维尔打算在接下来的写作中继续深化同一题材，这部尚在麦尔维尔头脑中孕育的小说就是一年半后面世的《白鲸》（1851）。

捕鲸者在远离西方世界的南太平洋上的冒险经历强烈吸引着欧美的阅读公众。然而，麦尔维尔并不满足于迎合读者的猎奇心理，在《白鲸》中，作家尝试在关乎生死存亡的严峻环境中考察人性的善恶，在自然与社会的对立中思考人生的终极意义；借助捕鲸这一特殊产业透视和批判资本主义的商业运作模式，以及基于自由市场制度的西方民主造成的种种不公不义现象。很久以来，鲸肉不仅是西方人餐桌上的美食，而且在人类未发现石油之前，从鲸脂中提取的鲸油被广泛应用于肥皂、皮革和化妆品的制造。用鲸油制作的鲸蜡在当时还是人们除了煤油之外经常使用的照明材料。因此，捕鲸业的发展对19世纪的西方工业革命进程起着至关重要的作用，它所带来的丰厚利润不断驱使大量的欧美商船不惜冒生命危险往来于两洋之间。在1830年代，美国已经成为全世界最重要的捕鲸国家，位于东海岸马萨诸塞州的楠塔基特岛和新贝德福德先后成为著名的捕鲸业基地。

然而，由于受到来自英国的激烈竞争和关税壁垒的影响，从这两个港口起锚的捕鲸船纷纷转而以南太平洋地区为目的地。据统计，1846年，在世界各国拥有的900艘商业捕鲸船中就有735艘之多是从美国出发的[①]。在《白鲸》中，麦尔维尔借小说人物的腔调不无自豪地说，"如今，我们美国捕鲸人的总数比来自全世界其他各个国家的契约捕鲸者加起来都要多"[②]。以美国捕鲸业臻于高峰的1844年为例，在与纺织业和制鞋业的竞争中，捕鲸业成功地吸引了总计一亿两千万美元的资本，鲸鱼产品贸易也一举成为美国国内仅次于肉类和橡胶业的第三大产业。

麦尔维尔在纽约一个从事纺织品贸易的商人家庭中度过了幸福的童年，然而父亲的早逝使全家陷入巨额债务中，接踵而至的财政恐慌（1837）在当时又造成了经济萧条和失业大潮。在这种情境之下，麦尔维尔不得不辍学，在短暂地干过银行职员和乡村教师之后，为生计所迫的麦尔维尔只好在1839年5月的最末一天，作为一名新水手登上了驶往英国利物浦的圣·劳伦斯号商船，开

[①] Charles Olson, *Call me Ishmael,* New York: Grove Press, Inc., 1947, p.17.
[②] Melville, Herman, *Moby-Dick, or, The Whale,* New York: Harper & Brothers, 1851, p.120.

始了其历时三年有余的海上漂泊生涯。一位美国学者认为，与广阔的海洋相遇，让仿佛被上帝遗弃的麦尔维尔体验到一种"形而上学的纠缠"，并深刻地影响了作家的社会观点：麦尔维尔虽然属于美国的士绅阶级，却同情自己置身于其中的"被遗弃的公众"，而与波利尼西亚原始文化的接触也赋予了他从外部世界思考西方的视角[1]。

《白鲸》的写作分别在纽约和位于纽约郊外的埃若海德庄园展开，此时的麦尔维尔永远告别了海外云游的岁月，与家人和朋友们团聚在一起，享受起了恬淡而舒适的生活。沉浸在愉悦中的麦尔维尔仅在一年半时间内就完成了这部接近700页篇幅的作品。在忙于写作的间隙，他在寄给朋友和英国出版商的书信中一再重申，付之笔端的作品将会是一部"捕鲸记"，"一部取材于某些有关在南太平洋地区捕捞抹香鲸的、野性十足的传说，并参考作者本人历时两年或者更久的、作为一名投叉手的个人经验而创作的冒险故事"[2]。然而，1851

---

[1] Robert Milder, "Herman Melville", in Emory Elliot, ed. *Columbia Literary History of the United States*, New York: Columbia University Press,1988, p.430.

[2] Herman Melville, *Correspondence. The Writings of Herman Melville*. vol. 14, ed. Lynn Horth, Chicago: Northwestern University Press,1993. p.163.

年10月出版的《白鲸》却远远超出了麦尔维尔的写作计划。最后成型的作品不仅突破了历险记通常采用的叙述框架，而且融会了有关鲸鱼的生物分类学知识、制作鲸油的工业化过程、捕鲸业国际竞争的历史和现状、围绕捕鲸业形成的工业资本运行逻辑、捕鲸者的种族和阶级构成，小说的字里行间夹杂着叙述者对人性的善恶、贪欲、民主精神和奴隶制度的种种思索。这部熔科学、政治、历史、哲学和文学于一炉的史诗杰作，其笔法犹如卢梭的"漫步者的遐思"一样，读者的心情也随着叙述者时而舒缓时而急迫的语调跌宕起伏。

从1850年2月起笔到8月为止，麦尔维尔用了六七个月时间就完成了《白鲸》的初稿，时值冬日来临，埃若海德庄园白雪皑皑的美景令他的头脑里迸现出许多超出小说情节之外的形而上学的想法。在小说修改过程中，他欲从形而上学角度解释初稿中呈现的情节和人物[1]。这一明显带有哲学思辨色彩的设想最初来自麦尔维尔1849年10月在驶往英伦的客船中与语言学家阿德勒的数次交谈，阿德勒出生在德国莱比锡，当时在纽约任教。多年后麦尔维尔回忆道，两人详细讨论了诸如命定论、

---

[1] Grinden, Dorothy Louise, *The Chronology of the Writing of* Moby-Dick, MA Thesis, Laramie: The University of Wyoming, 1950, pp.57ff.

自由意志、前知、绝对、《圣经》的神圣性、德意志形而上学观念的话题以及康德、斯维登堡、黑格尔、施莱格尔、歌德和席勒的思想[1]。推动麦尔维尔修改《白鲸》的另一思想灵感出自托马斯·卡莱尔的《论历史当中的英雄、英雄崇拜和英雄业绩》(1841)一书,这位苏格兰哲学家对历史上的英雄人物在面临困境时表现出的顽强意志和坚韧的贵族气质的推崇,给作家留下了深刻的印象,麦尔维尔笔下的众多捕鲸者显然拥有类似的性格特征。然而,把《白鲸》从冒险故事改造为命运悲剧的直接动因则是麦尔维尔与霍桑两人在1850年秋天的频繁往来和交谈,以及霍桑的小说集《古宅青苔》给予前者的深刻影响。《白鲸》情节的蓝本是从马萨诸塞州楠塔基特岛出发的一艘捕鲸船于1820年11月20日在南太平洋航行中,由于遭到一头巨型抹香鲸的攻击而沉没的故事,流落荒岛的水手不得不蜕变成食人族以维持生存,即便如此,最终也仅有寥寥数人获救[2]。小说描述的裴廓德号沉船事件,被麦尔维尔以哲学方式解释为是

---

[1] Henry A. Pochmann, *German Culture in America: Philosophical and Literary Influences 1600—1900*, Madison: The University of Wisconsin Press, 1961, p. 437.

[2] Owen Chase, *Narrative of the Most Extraordinary and Distressing Shipwreck of the Whale-Ship Essex*, New York: WB Gilley, 1821.

因船长亚哈的复仇贪欲所致。在霍桑的启发之下，麦尔维尔把一起普通的海难改写成了一部表现人性黑暗面的悲剧哲理小说。

"就叫我以实玛利吧"，叙述者以非常平实的语调拉揭开了《白鲸》故事的序幕。在《圣经·创世纪》中，以实玛利是亚伯拉罕在其起初不孕的妻子撒莱的安排下与埃及女仆夏甲所生的儿子，然而就在这个孩子出生不久，两个女人因此产生不睦。在妻子撒莱的劝说下，亚伯拉罕不得不违心地将爱子以实玛利和他的母亲夏甲放逐于荒漠中。与此同时，上帝的天使也预言了以实玛利将来的身份："他将会成为一个野人；他的手将会攻击任何人，任何人的手也将会攻击他；他将在所有兄弟们中间游荡。"（《旧约·创世纪》16：12）在《白鲸》虚构的情节中，自命为流放者的以实玛利厌倦了陆地上无聊的生活，渴望做一名水手在海上漂泊，借此摆脱精神上的"抑郁"。在鲸鱼客栈，以实玛利遇到了另一位应招者——来自南太平洋科科伏柯岛上的食人族王子魁魁格，在克服了最初的陌生和种族偏见后，两人渐渐成为挚友；随着小说情节的展开，叙述者让裴廓德号捕鲸船上的人物一一登场：大副斯塔勃克、二副斯德布、三副弗兰斯克及其手下的投叉手——波利尼西亚人魁魁格、纯种的"红人"即印第安人塔希特戈和"黑人蛮子"达果,这些人按照各自的出身、种族和阶级,仿佛像中世纪的"骑士和随从"一样组成了一个等级森严的小社会,占据这个小社会权力顶峰的人便是亚哈船长,一位聪明、果敢、强悍、暴躁且拥有丰富航海经验的船长。以实玛利目睹了曾被白鲸掠去一条腿的亚哈船长如何出于强烈的复仇欲望,命令所有水手以追杀一头名叫莫蒂·迪克的白鲸为唯一的目标。在小说结尾,除以实玛利之外,包括亚哈船长在内的所有水手连同裴廓德号商船均被愤怒的白鲸绞杀和击沉。作为这场悲剧的唯一幸存者,以实玛利以观察者和参与者的身份追述了整个事件发生的过程。

以实玛利既是小说设定的第一人称叙述者,又是随着故事情节的发展而逐步丰满起来的人物角色;既是小说中描绘的所有事情的亲历者和观察者,又是一位善于品评人物善恶和表达独特见解的思想家和哲学家,"以实玛利的名字决定了全书的结构,廓清了某些带有浓重隐晦色彩的段落或词汇的意义和功效"[①]。因此,可以毫不夸张地说,以实玛利这个重要角色是麦尔维尔赋予小说《白鲸》的灵魂和意识。"你将呼叫他的名字以实玛利,因为上帝已经聆听了你的苦难",在以实玛利出

[①] Viola Sachs, *La contre-Bible de Melville Moby-Dick déchiffré*, Paris: Mouton,1975. p.17.

生之前,上帝曾经如是昭告他的母亲夏甲。(《旧约·创世纪》16:11)以实玛利本是上帝对亚伯拉罕长子的命名,《白鲸》著名的起首句显然表明他已经主动接受了上帝对他的命名,在小说的第十六章和第四十一章,叙述者再次确认了自己作为流放者以实玛利的身份[1],以实玛利由此变成了叙述者的自我命名。

从"(你)就叫我以实玛利吧"到"我,以实玛利",叙述者在由"你""我"两个人称代词的转换构造出来的对话情境中确立了以实玛利作为一个主体的身份和位置。于是,贯穿作品始终的一个稳定的人格、主体和视角似乎在逐步生成:以实玛利拥有敏锐的感觉,对包括波利尼西亚岛民、美洲印第安人和黑人奴隶在内的他人富有同情心和正义感,受过良好的教育、耽于沉思且具有强烈的求知欲和怀疑精神,他的身上附着了作家麦尔维尔的影子。然而,假如我们细读《白鲸》文本,就会发现以实玛利的声音从作品的第三十六章即全书的三分之一处,也就是在亚哈船长登上尾甲板发表复仇誓言后就突然间消失了。在小说余下的三分之二篇章

---

[1] Herman Melville, *Moby-Dick,* A Norton Critical Edition, An Authoritative Text, Contexts, Criticism, 3 Edition, ed. Hershel Parker, New York: Norton & Company, 2018, p.64, p.144.

中，代替它出现的是船长亚哈及大副斯塔勃克等其他水手们以第一人称展开的叙述，而之前那个"藐视世俗、崇拜'异教'偶像、操控贵格派的船长们"的以实玛利，那个觉得食人族后裔魁魁格的道德修养胜过嘲笑他的基督徒们的文化相对论者以实玛利，那个反对歧视黑人以及建立在奴隶制和种族偏见基础之上、以"美制木材"为象征的西方文明的反叛者以实玛利，陡然化身为亚哈船长和大副斯塔勃克，甚至化身为"可怜的小黑奴"皮普，这些人分别被安放在裴廓德号象征的存在于资本主义社会内部的封建等级体系当中。其实，以实玛利并没有消失，"而是经历了一种心理和精神的解剖，他的自我像原子那样分裂为一个又一个方面"，而读者遇到的不再是一个被命名为以实玛利的固定人格，而是从以实玛利的自我处绽开的诸多不同的方面，"每一个方面均内在于他，尽管小说的结尾处留下的并非他们其中的任何一个人，而是一个被遗弃者——以实玛利，如同是裴廓德号的'美制木材'的毁灭所暗示的那样，他并非一个突然间便出生在美国却又无家可归的人"[1]。

---

[1] Michael Broek, "Ishmael as Evolving Character in Melville's *Redburn, White-Jacket, Mardi, and Moby-Dick*", in *Literature Compass*, 8/8 (2011), pp.514–525.

以实玛利是无家可归的流浪者，也是形而上学意义上的漂泊的主体。在《白鲸》情节展开的时间线上，以实玛利永远也无法找到自我，按照萨特在《存在与虚无》中的界定方式，作为一个主体，以实玛利的存在方式不同于物即自然物和动物的"自在"，而是人的有意识的"自为"的存在。在这位法国哲学家看来，自我意识并非像在笛卡尔、康德、黑格尔一系古典哲学以及胡塞尔的现象学那里是单纯服务于认识的意识；相反，作为一种存在方式或行为，自我意识首先渴望在未来某一刻"实现"自己的存在，然而当他的存在真正得到实现之际，主体就不再是同一个主体了。简言之，主体"是其所不是，不是其所是"，意思是说，主体无法像理性主义哲学主张的那样，在时间或历史中不断展开，直至他完全知晓和把握自身这个对象而成为"绝对知识"。在萨特看来，主体在时间中根本就无法与自身重合，从而获得一个稳定和同一的身份；反之，意识是与自我拉开距离的"空无"，它驱使主体"无化"从而不断超越自我："超越性是意识的构成性结构，这意味着意识从来就指向并非自身所是的存在"，这个对意识之超越性的意识，或者说被意识到的意识被萨特称之为主体性①。与从属于主体、依靠主体被动的感觉来获取认识对象的心理学意义上的主体性不同,萨特的主体性是脱离主体、不断超越主体之上的自由精神,反过来说,自我或者主体的意识是"一个没有主体的超越性场域"②,在这个意义上,萨特的主体性是"没有主体的主体性"。《白鲸》的故事以以实玛利在陆地上的游荡开始,以其孤身一人在海上漂泊为终,他正是这样一个漂泊的现代主体。以实玛利的自我叙述以及他化身为其他人物而展开的第一人称叙述使他摆脱了古典主体或自我的牢笼,向他人、历史和世界敞开,其自由的超越行为最终使他在面临困境时真正能够获得拯救。

萨特从尼采手中接过了对古典主体概念进行的解构工作,预见到了19世纪五六十年代由结构主义语言学和解构主义思想实践揭示的后现代的主体样态。如雅克·德里达就将基于自我同一性的主体观念视为其解构思想实践的主要对象,在20世纪80年代末与让-吕克·南希的一次对谈中,德里达曾经说:"我们称之为'主体'的东西并非绝对的起源、纯粹的意志、自我的同一

---

① Jean-Paul Sartre, *L'être et le néant. Essai d'ontologie phénoménologique*, Paris: Gallimard, 1943, p.28.

② Jean-Paul Sartre, *L'être et le néant*, p.174.

性或者意识的一种自我呈现,而是这种与自我的不相重合。"因此,在他看来,我们应当将主体定义为"有关自我的非同一性、有关作为出自他者的非衍生性的询唤以及有关他者的踪迹的有限经验,它们伴随着面临(逻辑)规律(制约)的存在所呈现出来的种种悖论和疑难等等"①。

萨特重新定义了意识和主体性,认为它并非源自居于某种位置或立场的人格或主体的感觉和意识,而是一种非(超)人格的、无立场(无化)的且没有被反思和主题化的意识。那么,自笛卡尔以来那种基于自我确定性之上、一度占据西方思想主流的主体观念自何而来?1958年,法国语言学家埃米尔·邦韦尼斯特(Émile Benveniste,1902—1976)在公开发表的《论语言中的主体性》一文中宣称,主体和主体性并非如德国唯心论哲学家费希特所认为的那样,是一种先验的设定,而是语言塑造的产物,"人正是在语言中被语言构成了主体,事实上,唯有语言借助于自身的存在才奠定了自我的概念",主体性是言说者将自我确立为主体的能力,它并非某种主观的、具有反映性质的心理感受,而是"超

---

① Jacques Derrida, *Points de suspension. Entretiens choisis et présentés par Elisabeth Weber*, Paris : Galilée, 1992, p.280.

越于主体集合一切生活体验而形成的整体之上的生理单位，它为意识的永恒性提供了保障"，"主体性的基础取决于'人格'的语言学地位"[1]。自我意识只有在作为陈述者的"我"与其陈述对象"你"的对话或话语中才成为可能，在陈述行为中，前者被确立为主体，后者则被称为他者。语言之所以成为主体性的可能，缘于其拥有适合人类表达的语言形式，而话语之所以能够引起主体性的出现，是因为它是借助于人称代词的运用，以分离的方式进行的。在邦尼韦斯特看来，"你"和"我"是具有初始意义的人称代词，其他人称代词，诸如"他或她""他们或她们"以及表示时间和空间的指示词"这里或那里"等等，它们或是从二者那里衍生而来，或是由它们建构起来的主体性加以扩大的结果以及与其连接在一起的表达方式[2]。

萨特的意识是植入存在的"空无"，它发挥着否定和超越主体的功能；在邦尼韦斯特这里，语言则提供了一种"空洞"的形式，每一个言说者都可以通过话语的操练占有这一形式，并把它与'人格'相连，与此同时

---

[1] Émile Benveniste, *Problèmes de linguistique générale*, vol. I, Paris: Gallimard, 1966, pp.258-260.

[2] Émile Benveniste, *Problèmes de linguistique générale*, vol. I, p.262.

界定了主体和他者。邦尼韦斯特的语言学思想深刻影响了米歇尔·福柯,从早年出版的《词与物》(1966)开始直到晚期的《主体解释学》(1981—1982)一书,福柯一生都在邦尼韦斯特的指示下,致力于通过分析构成不同知识、话语和对象领域的历史框架中梳理主体的形成过程[①]。在萨特之后,福柯进一步颠覆了古典的主体概念,将其看作是社会和历史的产物,只不过前者所说的历史性源自主体内在的自由精神,而后者所分析的历史性更多的是指外在于主体的诸多因素,即权力、知识和自我的技术。除了邦尼韦斯特之外,福柯思想的灵感还源自同时代的人类学家列维·施特劳斯、乔治·杜梅齐尔和哲学家路易·阿尔都塞等人,这批活跃于1960年代的法国知识分子以他们的思想实践彻底宣告了古典的主体、作者(罗兰·巴特)甚至是人之概念的死亡,他们也因此被保守主义批评家指斥为"反人文主义者"。如果仅就结构主义者打破了以抽象的人性来定义和规范主体的方式而言,保守主义者的指责也许是有道理的;然而他们拆解的是作为"原因、起源、原则"的主体性,与此同时将主体性重构为一种(历史的)效果,于

[①] Michel Foucault, «Entretiens avec Michel Foucault», dans *Dits et écrits*, vol. III : *1980-1988,* Paris : Gallimard, 1994, pp.140ff.

是，主体性不再是一种建构话语、知识和权力的原则，而是首先在（语言）结构中被构造出来的东西，用埃蒂扬·巴里巴的话说，它是被陈述行为、话语、知识和权力在历史中建构出来的结果。因此，结构主义和解构主义者并未终结主体和主体性，而是将其由一种建构性原则转换为被建构的结果，他们分别从时间和空间、自我和他人、历史和社会的角度对传统的主体性概念发动了一场"哥白尼式的革命"[1]，从而赋予了主体以自由和超越的可能性。

1848年2月，美国通过在墨西哥城北部的瓜达卢佩签署的《美西和约》吞并了包括今天的加利福尼亚、内华达、犹他以及大部分科罗拉多、新墨西哥、亚利桑那以及小部分怀俄明在内的55%原属西班牙的殖民地，这代表着美国标举的"昭昭天命"观取得了巨大的胜利，它将美国民族主义推向了巅峰。20天之后，即2月22日一早，巴黎街头爆发了二月革命，愤怒的群众在24日中午攻占了杜伊勒宫，拒绝改革的路易-菲利普皇帝被迫退位，至此历时18年之久的七月王朝统治宣告结束。同一天，临时政府首脑拉马丁在巴黎市政厅宣布法兰西第

---

[1] Étienne Balibar, «Le structuralisme : une destitution du sujet ?», dans *Revue de Métaphysique et de Morale*, No.1, 2005, pp.5-22.

二共和国成立。这场被称为法国二月革命的政治事件在大西洋彼岸的美国得到了积极和热情的响应：以詹姆斯·波尔克总统为首的美国政府迅速承认了新组建的法国革命政府，一些地方的民众还发起集会对法国人民表达了庆祝和支持。然而，正如马克思在《1848至1850年的法兰西阶级斗争》(1850)一文中所说，二月革命后建立的共和党临时政府是由小资产阶级、王朝反对派和极少数工人阶级的代表组成，它是"各个不同阶级间的妥协"的结果，其内部充满了利益冲突。他们同七月王朝一样以破坏秩序为由拒绝了群众的改革要求，从而引发了工人六月起义以及路易·波拿巴的复辟。

美利坚民族主义在外部取得的巨大胜利无法缓解美国内部围绕奴隶制问题产生的压力，此时奴隶制在南方种植园中的存续不但与1776年发表的美国独立宣言相违背，而且也对联邦的存在本身构成了威胁，奴隶造反的阴影一直笼罩着这个新兴的国家。因此，出身于政治世家的美国历史学家亨利·亚当斯甚至认为"'1848年的美国'是'1776年的美国的高峰和失败'；二者的关系就如同是欧洲的1789年和1848年一样"[1]，"在允许接纳

---

[1] Henry Adams, *The Education of Henry Adams*, ed. Ira B. Nadel, Oxford: Oxford University Press, 1999, p.27.

加利福尼亚加入联邦、将奴隶制扩展到从墨西哥新获取的领土之上以及逃亡奴隶回归问题上引发的冲突，造成了合众国建立以来最严峻的危机"[1]。受法国二月革命感召，1848年3月，匈牙利人民在民族主义者科苏特的领导下发动了针对哈布斯堡王朝的独立革命。欧洲大陆上爆发的两场革命加剧了美国统治精英心头对国内一场即将到来的兄弟和种族残杀的焦虑，在他们看来，美国的内战比起前两者来说或许会更为"暴烈、血腥、动荡和具有灭绝性"，甚至会导致联邦趋于解体。

就在法国二月革命和匈牙利民族革命爆发一年半之后，麦尔维尔便来到了伦敦和欧洲大陆，而当他返回纽约家中挥毫创作《白鲸》之时，美国社会上上下下对联邦解体的恐惧已经达到顶点，直到1850年9月针对奴隶制问题制定的五项妥协法案出台之后，民众中的恐怖和焦虑情绪才有所缓解。在此期间，奴隶制的蓄废问题在美国国内外引发了广泛的关注和讨论，白人种族至上论成了社会上的主流思想。1849年，时任马萨诸塞州最高法院大法官的勒缪尔·肖，即麦尔维尔的岳父，将设在波士顿的种族隔离学校纳入法律保护范围；不久他又

---

[1] Michael Paul Rogin, *Subversive Genealogy: The Politics and Art of Herman Melville*, Berkeley: University of California Press, 1983, p.142.

作为全美第一个严格执行1850年《逃亡奴隶法案》相关条款的法官,拒绝释放从佐治亚州逃到波士顿并在那里被抓获的黑人奴隶托马斯·西姆斯。小说《白鲸》开篇讲述了来自楠塔基特岛的贵格教徒以实玛利与来自南太平洋岛屿的食人族王子魁魁格的故事,两人从彼此陌生、嫌恶到相互赞赏,直至成为挚友的过程极其富有意味地挑战了来自父辈们的种族偏见;亚哈船长一味地受疯狂的复仇欲望的驱使并导致自己归于毁灭的命运,如同自1848年加利福尼亚金矿发现以来由四面八方涌入的淘金者们出于贪欲对当地土著部落的无情驱赶和绞杀一样,"裴廓德号就是一艘象征着美国的巨船,船上水手的数量与美国各州的数量相同,其国家建设方案颠覆了允许它予以实施的文明与野蛮、自由与奴隶之间的区分"①,在麦尔维尔的笔下,《白鲸》呈现了一出时刻处在奴隶革命威胁下的民主制度的命运悲剧:它曾经对普通民众做出的"没有主人"的平等主义承诺与如裴廓德号上无处不在却又无法根除的奴役现象之间的矛盾最终将会导致民主制度自身的毁灭。

---

① George Shulman, "Chasing the Whale Moby-Dick as Political Theory", in *A Political Companion to Herman Melville*, Lexington: Kentucky University Press, 2013, p.82.

然而,《白鲸》并不是"1848年美国"的民族主义、帝国扩张和奴隶制蓄废等政治问题的单纯隐喻,正如以实玛利丝毫不带讽刺意味的叙述所示,麦尔维尔既非言辞激烈的废奴主义者,更不代表美国南方蓄奴者的利益;既非联邦主义者,也非分离主义者;他并不反对,甚至在某种程度上还对亚哈船长身上体现的自由主义和英雄主义气质表示赞赏;对他置身于其中的裴廓德号上苛刻的等级体系也没有表现出抗争的意思,相反他服从船长的意志,甘心情愿地受人指派,渴望融入裴廓德号代表的美国社会,并希望践行一种由人类学家维克多·特纳提出的"过渡礼仪"以获得一种新的"社会身份"[1]。麦尔维尔无意做一名政治家,《白鲸》中充满了《圣经》式的预言和诗篇,作家在政治上的暧昧态度恰恰能够说明,与这些"世俗的"事物相比,他更感兴趣的是人们为何会普遍遭受奴役这样的形而上学问题。在小说的第二十六章,麦尔维尔借以实玛利之口赞颂了上帝赋予普通劳动者的"民主式的尊严",并称这种"令人敬畏的尊严"无须举行任何"穿袍授予典礼",而是闪耀在那个"挥镐打桩或把尖钉楔入枕木的那只臂

---

[1] Thom Foy, "The Magic Glass in the Magic Land: Navigating Ishmael's Book", https://independent.academia.edu/FoyThom, [retrieved at 2024.10.11].

膀之上":

> 那时，如果我此后将把即便阴暗却也崇高的品质归于最卑贱的水手、叛教者、被拒斥者，在他们周围编织起令人悲伤的荣光；如果即便他们中那些最令人感到悲伤的，或许是最卑躬屈膝的人有时也会偶然间独自打拼，为自己赢得万众瞩目；如果我将以些许超凡的光芒触摸那位工人的臂膀；如果我将在他那灾难性的落日之上铺设一道彩虹；那么，您，正义平等之灵，您已把一袭人性的华袍披在了所有人的身上，那就请您为我在所有凡俗的批评家们面前作证吧！[1]

这个著名的片段"为将麦尔维尔小说视为对19世纪中期阶级和等级状况加以控诉的多种阅读方式提供了钥匙"[2]，作家赋予构成美国文明主体的底层劳工阶级以权力和价值，如同他以平等的眼光看待裴廓德号上出自不同地域、拥有不同出身和肤色的水手们一样，这些缺

---

[1] Herman Melville, *Moby-Dick,* A Norton Critical Edition, p.98.
[2] Myra Jehlen, "Melville and Class", in *A Historical Guide to Herman Melville*, ed. Gils Gunn, Oxford: Oxford University Press, 2005, p.84.

乏高贵的出身却拥有神圣品质的普通民众才是他心目中理想的美国人。与这些底层劳动者一样，以实玛利甘愿过卑微的生活，或者如他所说，只有经过自我规训才能学会过一种卑微的生活，对他而言，卑微的生活不是屈辱，而是一件"哲学的事业"[1]："没错，人家会使唤我干这干那，让我从一根柱子跳到另一根柱子上，仿佛五月天草地上的蚂蚱一样跳来跳去，刚开始干这种事情着实让人感到不快，因为它触及了一个人的尊严感。"在众目睽睽之下，一个曾经当过乡村教师的人不得不低声下气地听凭暴躁的老船长的吩咐，俯下身来打扫肮脏的船甲板，这的确让人感到难为情，但如果把这样的事情放在《圣经》天平上又如何？"天使长伽百列……会因此小看我吗？"[2]

> 谁又不是奴隶呢？请告诉我。那么，无论老船长们如何对我发号施令，无论他们如何对我推来搡去，我都能心满意足地知道这一切都没问题，知道无论从肉体的角度观点还是从形而上学的角度来看，其他每个人也都以这种或者那种方式被人使

---

[1] Myra Jehlen, "Melville and Class", p.88.
[2] Herman Melville, *Moby-Dick,* A Norton Critical Edition, p.18.

唤；到处都是挥拳重击的，所有人的手都应该相互揉一揉肩胛骨，就知足吧。①

在这里，麦尔维尔所说的奴隶已经超出了政治制度的范畴，指向人世间无处不在的奴役现象，亦即形而上学意义上的"普遍的奴隶制"；它已不再是单纯的阶级压迫现象，而是指向社会生活中人与人互助的需要，通俗地讲，就是所谓"同受苦共患难"。《圣经·新约》和民主的许诺共同劝诫人们应当平等地承受苦难和奴役，通过互助赢得一种兄弟般的友情。理解了这一点，我们就会明白为何以实玛利说只有经过"自我规训"才能学会过一种卑微的生活，这位处在受奴役地位上的人正是以此来说服自己心安理得地接受亚哈船长发号施令，消除人与白鲸、与大自然之间那种进攻性的对抗关系②。尽管麦尔维尔认为奴隶制是"不信神的罪孽"，但他从未感到自己有义务要倾尽一生的时间去终结它③。如历史学家格尔·格兰丁所说，对麦尔维尔而言，奴隶制仅仅具有形而上学的意义，它仅仅关乎"如

---

① Herman Melville, *Moby-Dick*, p.19.
② Harrison Haford, "'Loomings': Yarns and Figures in the Fabric", in *Moby-Dick*, p.674.
③ Herman Melville, *Moby-Dick* p.19, note 8.

何使个人民主与道德结构相融合，以及如何在一个无神的世界里面对自我被抹杀"的问题，"奴隶制是关乎欺骗之事"，它"关乎在一个宏大的系统里个人被抹杀的事情"[①]。

自18世纪以来，随着荷兰、英国和法国等西方殖民帝国的兴起，大量从非洲大陆劫掠而来的黑人奴隶被装上轮船运往美洲各地，他们被强迫在当地的种植园里充当苦力，日益猖獗的奴隶贸易为西方带来了巨大的财富。到了19世纪中期，奴隶制度已经成为支撑整个西方资本主义经济体系的基石。与此同时，从西欧一隅兴起的启蒙运动接续的理性和道德理念，以及1789年法国大革命高举的自由和人权观念在全球范围内的传播，推动人们去思考和质疑奴隶制的道德合法性问题。如何看待启蒙运动推崇的自由政治理论与殖民帝国普遍实行的奴隶制之间的悖论？这是摆在霍布斯、洛克、卢梭等欧洲启蒙思想家们面前的严峻课题。然而令人遗憾的是，在这些西方思想家眼里，奴性要么是时刻处于"一切人反对一切人"的战争状态中的人的自然秉性；他们要么

[①] Eileen Reynolds, "Melville, Obama, and the Ship That Flipped the Slave Narrative", https://www.nyu.edu/about/news-publications/news/2015/march/greg-grandin-on-the-slave-trade.html, [retrieved at 2024.10.11].

视奴隶为个人的私人财产；要么不愿赋予奴隶以人的权利，这遂使得充斥着西方精英世界的自由人权话语与其在海外殖民地普遍实施的奴隶制之间的悖论愈加突出。1776年在北美率先爆发的独立革命虽然使这块土地摆脱了殖民地的地位，迫使其宗主国——大英帝国在1807年废除了奴隶贸易，但奴隶制作为一项源自西方殖民主义的政治制度，其经济、社会和思想基础依旧没有被根除。在麦尔维尔创作活动非常活跃的1840—1850年代，奴隶制在美国终于酿成了一场事关联邦生死存亡的危机。

以实玛利笃信清教教诲人们的命定论，甘于忍受亚哈船长的奴役而不去抗争。尽管人权理念并未立即在欧洲本土被付诸实践，但它却在欧洲以外的地方第一次成为了现实。1791—1804年，也就是从大革命爆发后的第三年开始，位于加勒比地区的法国殖民地圣多米尼克岛爆发了一连串声势浩大的奴隶起义，50余万名黑人奴隶在已经脱离奴籍的自由人杜桑-卢维杜尔等人的带领下先后击败了前来镇压他们的法国和英国的殖民者，推翻了当地的白人统治，并逼迫法国革命政府于1794年2

月废除了奴隶制①。为了反对西班牙人和英国人对岛内事务的干涉，防止加勒比地区奴隶海盗行径的发生，更是为了抵御即将到来的路易·波拿巴军队的镇压和妄图恢复奴隶制的做法，卢维杜尔仿效拿破仑制定的法兰西第一共和国宪法（1799年12月），在1801年夏天颁布了维护黑人奴隶利益的《多米尼克宪法》，将1685年由路易·十四制定并在法属殖民地实施百余年之久的《黑奴法典》彻底变为历史。《多米尼克宪法》是世界上首部由奴隶独立制定的宪法，其第三款明确规定如下：

> 领土内不允许奴隶存在，奴役现象将被永久废止。一切在此地出生之人均自由地为法国出生入死。此款并非本法的发明，而是（法国）国民议会于1794年2月即共和历2年雨月16日，也就是七余年前在巴黎决定并投票通过的废奴令。②

---

① Johnenry Gonzalez, *Maroon Nation. A History of Revolutionary Haiti*, New Haven: Yale University Press, 2019, pp.49-83.
② Louis Joseph Janvier, *Les Constitutions D'Haiti (1801-1885)*, vol.1, 1886, reproduit par Les éditions Fardin, 1977, p.8; Jeremy D. Popkin, *You Are All Free: The Haitian Revolution and the Abolition of Slavery*, Cambridge: Cambridge University Press, 2010, pp.27-69.

在卢维杜尔遭到波拿巴政府诱捕并在巴黎病逝后，他的战友让·亚克·迪斯林纳扛起了独立战争的旗帜，他们终于在1803年12月将残余的法国远征军赶出多米尼克岛。1804年1月，迪斯林纳在戈纳伊夫宣布圣多米尼克独立，国名为海地（当地印第安语）共和国，它是世界上第一个由翻身的奴隶缔造的自由国家。海地奴隶革命堪称人类历史上的伟大事件之一，它迫使法国和英国这些老牌殖民帝国出于对奴隶革命的恐惧废除了奴隶制度和奴隶贸易，从而极大地推动了世界历史的进步。

海地奴隶革命由于挑战了白人的种族主义观念，长期以来被西方主流的历史叙事所遮盖，但是在它爆发的那个时代曾经引起过许多进步欧洲知识分子的关注，并且也使他们对法国大革命葆有的政治热情得以延续。1791年，曾经参加过七年战争的前普鲁士军官，后来成为欧洲史学家的约翰·阿森霍尔茨携全家旅居巴黎。他根据自己搜集到的法文和英文刊物上所披露的相关材料，在自己创办的德语政治新闻杂志《密涅瓦》上撰文，向德国读者全面报道了法国大革命的基本情况以及1804—1805年海地奴隶革命的详细经过，并对这场革命的领导者卢维杜尔的性格、领导能力和人道精神表示赞赏。作为《密涅瓦》杂志的热心读者，当时在耶拿大学任教的弗里德里希·黑格尔从这份享誉欧洲的政治新闻刊物上获悉了海地发生奴隶革命的消息，并持续关注着海地共和国的局势。哲学家黑格尔从这场伟大的政治革命中得到灵感，把主人意识和奴隶意识的辩证运动作为自由精神发展的一个关键历史环节写入了他的第一部重要的哲学著作——《精神现象学》，后者构成了黑格尔计划当中的"知识体系"的第一部分[1]。

在1803年撰写的《伦理学体系》中，主人和奴隶问题就进入了黑格尔的思想视野。在这位普鲁士哲学家看来，主人和奴隶的区分在于两者生命力的强弱，"主人和奴隶事出自然，因为个人与个人处于对立的关系"[2]。在《精神现象学》（1803—1807）中，黑格尔将自我意识划分为主人意识和奴隶意识，"两种自我意识是这样被规定着的，他们借助于自我和彼此之间进行的生死搏斗来保存自己——他们必须走向斗争，因为他们必须将对自我之成为自我的确定性提升为揭示他人和

---

[1] Susan Buck-Morss, *"Hegel and Haiti"*, *Critical Inquiry*, Summer, 2000, vol. 26, No. 4, pp. 821-865.

[2] George Wilhelm Friedrich Hegel, *System der Sittlichkeit [Critik des Fichteschen Naturrechts]*, Mit einer Einleitung von Kurt Rainer Meist, Hrsg.v. Horst D. Brandt, Hamburg: Felix Meiner, 2002, p.29.

自我的真理"①。这表明，无论是主人意识还是奴隶意识均非自然和恒定的事实，而是处在辩证运动当中：一方面，主人意识通过对奴隶意识的控制和否定博得了后者的承认，从而成为了主人意识；另一方面，奴隶意识只有通过扬弃自我才能而成为主人意识。

黑格尔说，"一般而言，主人拥有丰富的生活必需品，而另一个（即奴隶）则缺乏这些东西"②。"主人是自为地存在着的意识"，其存在是在以奴隶意识和自然之物为中介的辩证运动中达成的。换言之，主人是独立的精神和自为的存在，是被奴隶承认的存在；而奴隶的本质则是生命和物，他依靠劳动即对物的加工来维持生命，他的存在不仅依赖物，而且也依赖于他人，因此是为他人的存在。"主人的存在关涉两个环节，首先，他借助于独立的存在（即自然之物）与奴隶发生关联；奴隶依靠物而存在；物是奴隶在（与主人的）斗争中无法挣脱的锁链；因此证明他是依附性的存在，只有当奴隶作为物的一面时他才是独立的存在。然而，主人是掌控对物和奴隶实施否定的权力，在（与奴隶的）斗

---

① George Wilhelm Friedrich Hegel, *Phänomenologie des Geistes*, Nach der Texte der Originalausgabe, Hrsg. v. Johannes Hoffmeister, Hamburg: Felix Meiner, 1952, p. 144.

② Hegel, *System der Sittlichkeit [Critik des Fichteschen Naturrechts]*, p.30.

争中可以证明，主人的存在对他而言仅仅意味着对物和奴隶的否定，而主人的存在就是主人掌控他人的权力。于是，黑格尔说，在这个三段论中，主人将这个他人置于自己的控制之下"①。其次，主人通过奴隶与自然之物发生关联，奴隶借助于劳动否定和扬弃了物，但却不能毁灭后者；主人则利用奴隶意识这一中介对物表现出"纯粹的否定"力量，主人借此摧毁了物并把自己转变对劳动成果的单纯享用。

因此，主人是得到奴隶承认的存在；在主人那里，奴隶意识因其对物和主人的双重依附而呈现为一种"非本质的意识"，也就是说对奴隶意识而言，成为主人才是殊死斗争所要达到的目标和其本质所在。在以上两个环节中，奴隶均无力掌控主人和物，他"不能成为主人和绝对的否定"②。这里的承认仅仅意味着奴隶对主人的承认，而非主人对奴隶的承认。奴隶意识单方面地承认主人，他对主人的承认反过来说仅仅意味着主人意识借此确认了自己的独立存在而已，而要成为真正的意识、通达主人意识的真理，奴隶意识还须由自在状态被提升为自为的状态；相反，主人意识因把自己变成了对

---

① Hegel, *Phänomenologie des Geistes*, p.144.
② Hegel, *Phänomenologie des Geistes*, p.147.

奴隶劳动果实的纯粹享受，从而因丧失了其"现实的一面或者持存的因素"而趋于消失。在这个意义上，黑格尔说："正如在主人那里发生的情况一样，他的本质恰恰是自己想要成为的角色的反面；而奴隶也会在其（本质）达成之际变成他当下角色的对立面，即变成在自我压抑中走入自身的意识，从而获得真正的独立性。"①

黑格尔肯定了奴隶意识的上升趋势，到那时，奴隶意识将成为主人意识，而主人意识则归于消失。然而，正如麦尔维尔将奴隶制问题去政治化和非政治化之后转变为一个形而上学和神学意义上的"普遍的奴隶制"问题一样，黑格尔也未明确地将奴隶现象的产生视为一个政治问题，而是将主奴意识的辩证法视为自我意识或自由精神在时间和历史中展开的一个重要环节而已，他将现实世界中导致奴隶现象出现的原因归咎于奴隶们的个人选择："正是由于当初选择了维持生命而非自由，所以奴隶应当为自己缺乏自由的状况负责。"②在此，黑格尔将奴隶意识如何才能上升为主人意识的问题转变成如何对奴隶实施规训和教育以便其自我提升为主人意识的问题，即一个普遍意义上的文化或文明问题。对此，

---

① Hegel, *Phänomenologie des Geistes*, p.148.
② Susan Buck-Morss, *"Hegel and Haiti"*, *Critical Inquiry*, pp.821-865.

法国著名的黑格尔研究者让·伊波利特评论道:"这种通过恐惧、服务和劳动手段对人的教育构成了对整个自我意识教育的重要环节。"①

伊波利特的黑格尔研究深受亚历山大·科耶夫的影响。1933年,因股市下跌、生计困顿的科耶夫接受了他的朋友、同样也是从苏联移民到法国的亚历山大·柯瓦雷的邀请,接替后者开始在巴黎高等研究实践学院讲授黑格尔的《精神现象学》②。这位年轻而神秘的哲学新星对黑格尔这部伟大著作的创造性阐释影响了战后一代法国知识分子,除了伊波利特之外,这些人当中最为人们所熟悉的还有雷蒙·阿隆、乔治·巴塔耶、雅克·拉康、克劳德·列维-施特劳斯、梅洛-庞蒂、萨特以及埃里克·韦伊等人,与伊波利特一样,韦伊后来也成为了法语世界知名的黑格尔专家。科耶夫对《精神现象学》中有关主奴辩证法一节所做的极具个人色彩的解释尤为令人称道。在他看来,主奴辩证法并非只是黑格尔按照自己的逻辑方法对自我意识的分析,而是普遍历史的真实而具体的现实,换言之,主奴辩证法绝非黑格尔的

---

① Hegel, *Phénoménologie de l'Esprit*, tr. fr. Jean Hyppolite, Paris: Aubier-Montaigne, vol.1, 1999, p.163, note 25.

② Jeff Love, *The Black Circle: A Life of Alexandre Kojève*, New York: Columbia University Press, 2018, pp.103-131.

面壁虚构，而是揭示了人类历史的真面目。在科耶夫看来，人类历史始于奴隶的屈从，终于完美人格和社会的达成。他认为，人类社会的发展是以欲望作为驱动力的，奴隶通过劳动否定了自然；主人则通过"承认的斗争"否定了奴隶意识，两种否定性经验构成了人类的历史，最终形成了一个消除了奴役的完美社会，历史从此归于终结。科捷耶夫说："普遍历史无非就是主人与奴隶的辩证和互动关系……当主人与奴隶的综合得到实现之际，历史便完成了使命，此一综合形成了完美之人，即拿破仑所创造的普遍的、同质的国家公民。"[1]

科耶夫不仅将主奴辩证法从黑格尔的思维世界拉回了真实的历史和现实中，还坚定地认可奴隶或劳动对人类历史进步的推动作用，从而赋予了黑格尔这一学说以乐观主义的历史哲学色彩："完善而绝对自由之人，确切且完全满足于自己的存在，经由这种满足走向自我完善和自我解放的人将是'取消'了受奴役地位的奴隶。如果说，慵懒的主人代表了一种绝境的话，那么相反，从事劳动的奴隶则是所有人类、社会和历史进步

---

[1] Alexandre Kojève, *Introduction à la lecture de Hegel. Leçons sur la Phénoménologie de l'Esprit*, Paris: Gallimard, 1947, p.173.

的源泉。历史是作为劳动者的奴隶的历史。"[1]通过劳动，奴隶首先把自己从自然和自己的生物本性即本能中解放出来，成为自然的主人，同时也使自己摆脱了主人施加给他的恐惧、控制和奴役，成为世界和人类历史的主人，这个"缘于改变既有世界和在这个世界中生活之人的主人并非'直接的'"、自然的或者说是与生俱来的主人，而是以劳动本身作为中介的主人：奴隶借助于自己付出的劳动改变（取消）了自己的奴隶身份，从而转变成为主人；相反，在与奴隶的斗争中，主人冒着死亡的风险把奴役强加在对方头上，并渴望得到后者的承认，然而他的行为反过来却引起了奴隶的造反、革命和解放。可见，主人从奴隶那里得到的承认并非是一种来自于他人的完善的承认，或者用黑格尔的话说，主人意识并没有得到另一个与他处在同等地位上的主人意识的承认，他因此而变得无所事事，遂堕入科耶夫称所说的"存在的绝境"[2]。科耶夫完美地诠释了黑格尔的主张，即在历史的辩证运动中，主人和奴隶的角色和地位将要发生相互转化：

---

[1] Alexandre Kojève, *Introduction à la lecture de Hegel. Leçons sur la Phénoménologie de l'Esprit*, p.27.

[2] Alexandre Kojève, *Introduction à la lecture de Hegel. Leçons sur la Phénoménologie de l'Esprit*, p.174.

主人不是真正的人，他无非是（在成为真正之人的道路上的）一个阶段而已。他甚至是一个绝境：他从来不"满足于（befriedigt）"被承认，因为只有奴隶才承认他。而奴隶将会成为历史的人，成为真正的人。①

在此，主人不只是科耶夫所说的个人意义上的"存在的绝境"，而且构成了人类历史发展的障碍，代表着人类历史走入了绝境；奴隶也不仅只是真正之人，也是推动历史进步的新的历史主体，"未来和历史不属于武士式的主人，而属于奴隶劳动者，前者或已死去或永远保持着与自己的同一性（身份或人格）"。作为新的历史主体，"奴隶知道自己是自由的存在。他知道自己还尚未获得自由，但他渴望成为自由的人。如果斗争的经验和结果使奴隶倾向于超越、进步和历史，那么奴隶以自己劳作的一生服务于主人的方式实现了这个倾向"②。奴隶通过自己的劳动付出实现了对自然和世界，对主人和自己的超越，因此，未来世界不仅不存在

---

① Alexandre Kojève, *Introduction à la lecture de Hegel. Leçons sur la Phénoménologie de l'Esprit*, p.54.
② Alexandre Kojève, *Introduction à la lecture de Hegel. Leçons sur la Phénoménologie de l'Esprit*, p.28.

奴隶，也不存在主人，更不会存在执着于同一和固定的人格与立场的古典主体观念。

超越性和非（无）主体正是萨特在《存在与虚无》中界定的主体性的基本特征。在1956年秋天脱离法国共产党之后，他尝试构建一种马克思主义伦理学，主体性占据了其核心的位置，1960年出版的《实践理性批判·第一卷》延续了《存在与虚无》中有关主体性的思考。1961年12月，萨特应罗马葛兰西研究所邀请，发表了题为《马克思主义与主体性》的讲演，这篇讲演针对的主要是1950—1960年代马克思主义理论在以下两个方面存在的偏颇。一方面，受科学主义思想的影响，庸俗马克思主义者过分强调历史规律的客观性导致了对主体性的忽视；另一方面，萨特对当时在法国知识界普遍流传的卢卡奇的《历史与阶级意识》（德文版1923，法文版1960）一书中体现的黑格尔主义倾向甚为不满。在萨特看来，卢卡奇是借助于历史哲学这个"调节性的理念"来思考历史的，正如亚里士多德的"潜力"和"现实"之间的关系一样，"历史哲学一劳永逸地预见了真实的历史，并对这一历史可能性做出限制，因而是本质意义上的历史"。按照卢卡奇本人的说法，历史哲学赋予现实历史以"客观的可能性"，因此阶级意识作为主体性是历史哲学作为外在的规范，从外部"给予"或

"分派"给无产阶级的。这位匈牙利马克思主义哲学家所谓的"总体性"就是历史呈现的"客观可能性的总和",它先于现实历史而存在,是封闭的,并且有待成为现实。"面对这样一种总体性,主体性只能依据古典主体哲学的方式来思索,这种反思性方式的使命在于承担,甚至是以辩证方式承担这一总体性的存在。"[1]在卢卡奇看来,阶级意识作为主体,其发展目标与历史的总体目标完全协调一致,甚至是高度重合的,这种做法显然带有决定论和目的论的倾向。

因此,萨特指出卢卡奇的理论是一种"唯心主义的辩证法",一种"意愿的唯心主义"。在前者那里,主体性仿佛是一出结局早已注定的历史戏剧的旁观者;在后者那里,无产阶级的意志代替了人的自由精神成为历史发展的动力,然而,萨特说,真实的情况恰恰相反,意志是靠自由精神支撑的。为了纠正卢卡奇的错误,萨特试图从唯物主义角度重建马克思主义的主体性理论。他延续了《存在与虚无》中对主体性的规定,如同他在《辩证理性批判》一书中的做法一样,赋予主体性以浓

---

[1] Michel Kail et Raoul Kirchmayr, «Conscience et subjectivité», dans Jean-Paul Sartre, *Qu'est-ce que la subjectivité*? Paris : Les Prairies ordinaires, 2013, pp.17-19.

厚的实践色彩。萨特拒绝了黑格尔、卢卡奇,甚至是科耶夫继承黑格尔而来的目的论和决定论,认为自我意识不是以其本身为认识对象的、反思性的自我意识,而是一种前反思的、非人格的自我意识,即主体性不是主体的自我意识。对它而言,没有任何先于其实际存在的、有待成为现实的某种本质,哪怕后者是上帝或某种形而上学的实体,此即所谓"存在先于本质"的说法。萨特将主体性的这一特征称为"非知"(non-savoir),其意是说主体性不是给定的事实,它不接受任何身外的指令,不知道自己将要成为什么。既然如此,那么"个人或有机体有待成为自身的存在(l'avoir à être)",这是自我意识的存在方式,即主体性的第二个特征[1]。西蒙娜·波伏娃在《第二性》(1949)一书中充分阐释了这一特征,在她看来,女性的身份并非给定的事实,而是居于特定社会历史情境当中的人的自我选择:"人非生而为女人,而是成为了女人而已。"[2]萨特从卢卡奇的手里接过了"总体性"这个术语,但去除了它所包含的目的论和历史哲学色彩,将其视为个体或有机体为了达

---

[1] Michel Kail et Raoul Kirchmayr, «Conscience et subjectivité», p.11.
[2] Simone de Beauvoir, *Le deuxième sexe II. L'expérience vécue*, Paris: Gallimard, 1949, p.6.

成其存在而敞开的两方面实践的总和，其一是在物质层面维护自己的生命体，其二是"为改变总体以求保持自身"而付出的实践。所谓"总体实际上就是'内在化以及永恒重组的法则'"[1]，萨特以总体化代替了卢卡奇的总体和总体性，强调总体是内在性原则，其功能在于"整合来自外部的干扰和变化的因素"[2]以达成个人的存在。换言之，在萨特看，主体性就是将外在因素予以内在化的实践，它所凭借的是一种"需要"或"驱力"（pulsion），这种驱力不是"惰性的东西，而是对有机能量的暴力分配"[3]。

萨特的主体性理论走向了以个体行动和实践为中心的政治哲学。在黑格尔和科耶夫看来，在主奴之间殊死斗争中落败的一方才成为了奴隶；在萨特眼中，他人的注视直接剥夺了"我"的自由和人性，从而将"我"放在了非人的对象位置上。因此，萨特认为"他人即地狱"，对他而言，所谓奴役意味着"我们过度依赖于他

---

[1] Jean-Paul Sartre, «Marxisme et subjectivité», *Qu'est-ce que la subjectivité*? p.53.
[2] Sartre, «Marxisme et subjectivité», p.53
[3] Sartre, «Marxisme et subjectivité», p.55.

人的注视"[1]。在1968年学生风暴结束之际撰写的《意识形态与国家意识形态机器》（1970）一文中，路易·阿尔都塞将塑造屈从于资本主义生产关系的主体的他者认定为国家的意识形态机器，其功能是在个人或所有人当中"招募"主体，或者通过一种被准确地称为"询唤"的操作方式将个人或所有人"转化"为主体，如同是警察向街头行人发出的叫喊"嘿！您，去那里！"一般，这种斥责招致的"犯罪感"[2]就是一种遭受奴役的感觉，资本主义意识形态对个人的询唤，也是造成裴廓德号商船上那种内在于资本主义经济体系的封建等级制度的根源所在。尽管在《马克思主义与主体性》讲演中，萨特将从个人出发的社会性实践活动定义为主体性的"再外化"[3]，赋予个人实践以普遍的社会意义，但是由于他"将孤立的个人视作其政治理论的现实基础，

---

[1] Eva Voldřichová Beránková, «La dialectique du Maître et de l'Esclave chez Jean-Paul Sartre : pour une nouvelle approche de la périphérie», *Etudes romanes de Brno,* vol.45, No.2 (2024), pp.9-17.

[2] Luis Althusser, *Sur la reproduction*, Paris: Presse de universitaire de France, 1995, p.226.

[3] Sartre, «Marxisme et subjectivité», p.53.

因此萨特的哲学拥有某种无政府的色彩"[1]，他所看到的更多的是个人与个人之间形成的三种压迫与排斥的主体间关系，即资本家与工人、犹太人与基督徒、殖民者与被殖民者，而非通过不同主体的行动而形成的社会。

在1968年学生风暴前后，早年深受萨特影响的阿兰·杜海纳（Alain Touraine, 1925—2023）尝试将前者执着于个体行动的主体性理论扩展为一种社会行为理论。这一构想一方面旨在纠正萨特哲学高度个人化的和无政府的倾向，另一方面希望在尊重个人自由和社会流动性的前提之下强调社会规范的重要性，其目的在于以维护社会的稳定性。因此，在他看来，"社会行为是人类劳动的创造，而劳动来自于一个从事文化工作的宇宙；这一创造只能是集体性的"[2]。杜海纳以集体主体代替了萨特的个人主体，以历史主体代替古典意义上的人格主体，呼唤一种新的历史主体的到来："那些拥有一种纯粹个人性的（前瞻性的）规划或使命（projet, vocation）的人们能够形成一个集体；而那些向后退缩的人只能建立一种人与人之间的关系，然而社会计量学意义上的网

---

[1] Wolfgang Knöbl, "Social Theory from a Sartrean Point of View: Alain Touraine's Theory of Modernity", *European Journal of Social Theory*, vol.2, Issue 4, Nov.1999, pp.403-427.

[2] Alain Touraine, *Sociologie de l'action*, Paris: Seuil, 1965, p.60.

络不能构成真正的集体。"[1] 一旦个人认同于集体和集体性的主体,那么他就超越了他的个性,并与他人共享种种情感、规范和意向;反过来,集体主体在与他人的关系中丰富了作为一种人格主体的个性[2]。我们之所以说集体主体是一种历史主体,首先意味着他并非古典意义上的形而上学实体;其次他是历史性的集体劳动创造的结果;最后,当然也是最为重要的一点,他还能够在历史中通过集体性的社会行为和文化工作创造出其新的主体形态,真正推动人类历史的发展。杜海纳说:"历史主体,即把历史性行为组成一套同一的体系并赋予其意义的原则,从不认同于一个具体的行动者,无论他是个体的还是集体的行动者,无论他是国家元首、阶级代言人或是一代知识分子的领袖。相反,我们已经说过,所有个别的行为者,至少从原则上讲,参与了历史主体的形塑,在这个意义上,其行为承担了某种主观的使命。"[3]

西方现代主体观念诞生自18世纪启蒙运动时期资本主义和封建主义意识形态的斗争当中,然而真正激发西

---

[1] Alain Touraine, *Sociologie de l'action*, p.243.

[2] Alain Touraine, *Sociologie de l'action*, p.62.

[3] Alain Touraine, *Sociologie de l'action*, p.149.

方思想家深入思考主体和主体性问题的契机，却是19世纪在西方殖民贸易鼎盛期愈演愈烈的奴隶制存废问题，以及由奴隶造反和革命所造成的西方殖民帝国的重重危机。两次世界大战前后在世界范围内兴起的反对帝国主义和殖民主义运动，以及1960年代在资本主义内部爆发的社会危机进一步推动人们将古典主体观念从抽象的思维王国拉回到了现实政治当中。因此，人们寻找主体和主体性的动机也由古典时代对知识确定性的需求，转向了为改造世界和人本身寻求新的力量；主体也由对历史戏剧的观察者和冥思者转为历史的参与者和行动者。在长达一两百年的历史长河中，黑格尔、马克思、科耶夫、萨特围绕黑格尔提出的主奴辩证法的讨论不但在形而上学层面塑造了人类的自由精神，而且他们也参与到了19世纪涌现出来的有关等级、阶级、种族、帝国主义和殖民主义政治话语和对抗这些话语的政治实践当中。萨特的主体性理论不仅在1950—1960年代极大地鼓舞了第三世界人民发起的反帝反殖运动；而且正如弗里德里克·杰姆逊所言，萨特对意识的非人格化、对自我的去中心化处理方式预示了日后为结构主义和后结构主义者所津津乐道的"主体死亡"的话题[1]。

萨特将主体看作是人的发明，或者如科耶夫所说，看作是"人的行动的客观结果"[2]的做法，同样预示着一个经过后现代思想的洗礼而浴火重生的新的主体的归来，他犹如遭到白鲸的撞击而沉入大海的裴廓德号商船上唯一的获救者——那个曾经自命为流放者的以实玛利——在茫茫大海上驾着小船缓缓向我们驶来……

---

[1] Frederic Jameson, «Actualité de Sartre», Jean-Paul Sartre, *Qu'est-ce que la subjectivité*? p.182.

[2] Alexandre Kojève, *Introduction à la lecture de Hegel. Leçons sur la Phénoménologie de l'Esprit*, p.384.

第一章 寻找新的主体：西耶斯、黑格尔与青年马克思的政治共同体构想

一、第三等级作为民族

在1848年革命前夕，欧洲的民主主义知识分子习惯以1789年法国大革命创制的现代政治原则和政治语言，如"等级""民族""国家""立法权"等等来观察、分析和思考那个时代由各种原因引发并困扰着英、法、德等欧洲各国的经济、社会和政治危机。马克思自然也不能例外，他出生和成长的莱茵兰地区晚至1814年才从拿破仑的强权统治下摆脱出来。那里浓厚的革命精神和知识氛围早已铸就了他的那一颗不知安分的心灵。在特里尔中学，威腾巴赫、施蒂尼格、施尼曼的教诲让他充分领略到了法兰西精神和大革命的思想风采。在柏

林大学求学期间，黑格尔的学生、法哲学家爱德华·甘斯与圣-玛丽·吉拉丁一起赋予了他以1789年的原则看待欧洲现实和世界历史的眼光。他随后花费了数年时间集中阅读了黑格尔著作，其中《精神现象学》和《法哲学原理》则是这位被称为"普鲁士官方哲学家"对莱茵河彼岸爆发的革命及其政治后果的理性反思、批判和修正[1]。从马克思留下的大量读书笔记看，自1840年代始，他便有意地搜集、阅读和研究了关于法国大革命和法国古代史方面的著作、档案和个人回忆录等等，并计划在这些丰富的材料基础之上撰写一部《国民公会史》。在青年马克思看来，革命前夕诞生的国民公会标志着法兰西人民在"政治动力、政治势力和政治智慧"方面所能达到的顶点[2]。缔造和命名这个非凡的政

---

[1] 关于马克思与法国大革命的关系，详见Jean Bruhat, «La française et la formation de la pensée de Marx», dans *Annales historiques de la revolution Française*: Jan 1, 1966, pp.125-170; Maximilien Rubel, «La révolution française dans la formation du jeune Marx», *Diogène*: Oct. 1, 1989, pp.3-27; François Furet, *Marx et la révolution française, textes de Marx présentés réunis, traduits par Lucien Calvié*, Paris: Flammarion, 1986；Joachim Ritter, *Hegel und die französische Revolution*, Köln: Westdeutscher Verlag, 1957.

[2] Marx and Engels, *Gesamtausgabe (MEGA^2)*, I/2, Hrsg. v. Institut für Marxismus-Leninismus, Berlin: Diez Verlag, 1975, p.455, 中译文参见《马克思恩格斯全集》第1版第1卷，中共中央马克思恩格斯列宁斯大林著作编译局编译，北京：人民出版社，1956年，第131页。

治机构的人就是大革命的主要理论家——埃马努埃尔-约瑟夫·西耶斯神父[1],也就是《第三等级是什么?》(1789)一书的作者。西耶斯以这份篇幅不长但意义重大的政治宣言揭开了法国大革命的序幕。马克思阅读西耶斯名作的时间应该不会晚于1842年5月[2]。在同一时期就莱茵省议会的一场辩论所发表的评论文章中,我们看到,作者对这位神父的政治学说显然非常熟悉,尤其是他对现代国家里的个人具有双重身份即公民和市民(citoyen/bourgeois)所作的细致区分[3]。在莱茵兰省议会就应否禁止出版自由的问题展开的辩论中,来自"城市等级"的一位辩论者声称赞同西耶斯的意见,认为"出版自由只要没有坏人参与就是美妙的东西","要

---

[1] Jean-Denis Bredin, *Sieyès. La clé de la révolution française*, Paris: Éditions de Fallois, 1988, pp.106-102.有关西耶斯在1789年大革命中所发挥的作用,参看François Furet, *The French Revolution 1789-1814*, trans. Antonia Nevill, Oxford: Blackwell Publisher, 1992, pp.45-51.

[2] 马克思阅读的是1796年出版的西耶斯著作德译本,即Emmunel Joseph Sieyès, *Politische Schriften*, übz. v. Konrad Engelbert Oeslner, 1796, Bde.1-2,这部近1300页的译著几乎囊括了西耶斯在当时全部已发表的著作、论文和发言稿,后文还将提及它的译者。

[3] Jaques Guilhaumou, *Sieyès et l'ordre de la langue. L'invention de la politique moderne*, Paris: Editions Kimé, 2002, p.187.

防止这一点，直到现在还没有找到可靠的办法"[1]。马克思立刻意识到这位代表是在以市民身份表达自己的私人观点，而非站在国家公民的立场上表达公众的自由意志，二者的冲突在《黑格尔法哲学批判》（1843）中被表述为政治国家与市民社会之间的分离。马克思的评论文章发表在自己担任主编的《莱茵报》（1842年1月—1843年3月）上，这份报纸遵循大革命的政治原则和黑格尔的理性精神，高举民主和改革的旗帜反对普鲁士的专制主义。[2]1842年9、10月间，来自德国、英国、比利时、俄国以及法国当地的学者在斯特拉斯堡召开了一次学术讨论会，会议的中心议题是"一无所有的等级要求占有目前掌握治国大权的中间等级的一部分财产"。《莱茵报》对本次会议的辩论情况作了报道，该报提出的解决方案是"和平方式"，其原因在于"现代的中间

---

[1] Marx and Engels, *Gesamtausgabe (MEGA²)*, I/1, p.157.后文出自同一著作的引文，将随之标出该著作名简称*MEGA²*、版次、卷数和引文出处页码，不再另注，中译文参见《马克思恩格斯全集》第1版第1卷，中共中央马克思恩格斯列宁斯大林著作编译局编译，1956年，第81页。后文出自同一著作的引文，将随之标出该著作名简称《全》、版次、卷数和引文出处页码，不再另注。

[2] 关于马克思和卢格等人创办《莱茵报》的过程与马克思通过该报与保守主义者展开论战的情况，详见Jonathan Sperber, *Karl Marx. Sein Leben und sein Jahrhunder*, München: C.H.Beck, 2013, pp.90-115.

等级在避免遭受突然袭击方面比1789年的贵族优越得多"。马克思评论道，"西耶斯的预言应验了，第三等级（tiers état）成为一切，并希望成为一切……现在一无所有的等级要求占有中等阶级的一部分财产这是事实，即使没有斯特拉斯堡的演说，也不论奥格斯堡如何保持沉默，它仍旧是曼彻斯特、巴黎和里昂大街上引人注目的事实"[①]。马克思及其《莱茵报》的合作者虽然承认"一无所有的等级"要求夺取"中间等级"的财富是当时欧洲社会的普遍事实，但是他们既不认同以慈善的方式改善"一无所有"等级的地位这一共产主义的"实际实验"，同时也对共产主义的理论保持"慎重"的态度，尽管在短短五年后发表的《共产党宣言》里，阶级斗争和共产主义的信仰迅速被马克思和恩格斯确立起来。在马克思看来，上述问题想要得到有效解决还需彻底贯彻法国大革命确立的法律原则，将那些尚未写入法典的"习惯法"，如农民捡拾森林里被风吹落的树枝以供家庭取暖的习惯，以法律的形式规定下来。透过黑格尔法哲学的眼光，马克思认为权利或法应当是理性在现实社会得到持续实现的过程：它"不再取决于偶然性，即不取决于习惯是否合理；恰恰相反，习惯成为合理的

---

① *MEGA²*, I/1, 238,《全》, I/1, 131。

是因为权利已变成法律，习惯已成为国家的习惯"[1]。法国大革命通过将社会财产归于第三等级的方式改变了旧的所有制，并将私有财产权作为法律规定下来，它不仅没有能够挑战私有制，反而使其从法理上得到了巩固。然而，在马克思和当时的欧洲社会主义者看来，财产的私有制是产生普遍社会贫困的根源。对普鲁士专制主义的失望使马克思将解决社会普遍贫困问题的目光投向到了法国这个拥有丰富的政治智慧和政治实践的国度。从1842年10月移居科隆主持《莱茵报》以来，马克思就开始孜孜不倦地阅读同时代法国著名的社会主义者如维克多·贡西德朗、皮埃尔·拉罗和普鲁东等人的著作[2]。在两年之后撰写的《神圣家族》中，马克思高度称赞普鲁东对私有制这一曾经被视为政治经济学之"不可动摇"的基础进行了批判性的检验，断言其《财产是什么？》（1840）一书对现代政治经济学的意义"正如同西耶斯的著作《第三等级是什么？》对现代政治学的

---

[1] *MEGA²*, I/1, 206, 中译文参见《全》, I/1, 149。

[2] Gareth Stedman Jones, *Karl Marx. Greatness and Illusion*, Cambridge: Harvard University Press, 2016, p.139. 马克思是通过洛伦兹·冯·施泰因的著作《当今法国的社会主义和共产主义》（*Der Sozialismus und Kommunismus des heutigen Frankreich*, Leipzig, 1842）接触到普鲁东等人的学说的。

意义一样"[1]。

从西耶斯到普鲁东，马克思考虑的问题是：究竟什么原因导致了"一无所有的等级"的普遍贫困？倘若私有制是社会普遍贫困的总根源，那么，这是自然的结果还是人为的产物或者说是政治（法律）的后果？答案当然是后者。西耶斯眼中的社会建立在劳动基础之上，遵照亚当·斯密的教导，劳动创造了一切社会财富。从事具体劳动的等级不是国王也不是贵族更不是教士，而是第三等级，其每个成员都担负着繁重的日常劳动、发挥着各自不同的社会功能，服务于整个政治体之生存和需要，从而推动着社会不断走向进步。另一些人则凭借世袭特权稳居于一般的社会运动当中，享受着他们丝毫未曾伸手创造的劳动成果中最好的部分。因此，贵族被西耶斯称之为不从事生产活动的寄生等级，"他们是一个伟大民族中孤立的人群"[2]。第三等级虽然强壮有力却被束缚住了双手，不能得到应有的荣誉和地位。西耶斯将这种待遇看做是对第三等级实施的"社会犯罪"[3]，如同普鲁东说"财产是什么？这就是盗贼"一样，西耶

---

[1] *Karl Marx Friedrich Engels Werke (MEW)*, Bd.2, Berlin: Diez Verlag, 1962, p.33, 中译文参见《马克思恩格斯全集》第1版第1卷，第39页。

[2] Emmanuel Sieyès, *Qu'est-ce que le tiers-état？* 3 éd., 1789, p.13.

[3] Emmanuel Sieyès, *Qu'est-ce que le tiers-état？* p.7.

斯说："第三等级是什么？一切。迄今为止，它在政治秩序中拥有什么？什么都没有。它要求什么？要拥有某种东西。"[①]废除前两个等级独享的特权、放开第三等级的手脚，其结果不但没有使后者失去什么，反倒使他们获得了许多，由此形成了一个完整的民族。与西耶斯不同，普鲁东希望通过"无财产的占有"来夺回被工厂主盗取的财产，恢复正常的社会秩序，也就是说，他希望通过一种道德原则来消除贫困的问题[②]。在《神圣家族》中，针对布鲁诺·鲍威尔的阵营对普鲁东学说发起的攻击，马克思花费了大量篇幅为前者辩护[③]。然而，同普鲁东的道德原则相比，他自己显然更愿意选择西耶斯的政治原则。因此，在1843年3月至8月撰写的《黑格尔法哲学批判》中，马克思借西耶斯创制的核心政治术语——"等级"（l'ordre/Stand）、"民族"（nation）、"民族主权"（Souveraineté nationale）——批判了黑格尔基于"神秘的形而上学"的理性国家学说。于是，主权由作为国家普遍伦理的化身从君主那

---

① Emmanuel Sieyès, *Qu'est-ce que le tiers-état ?* p.3.
② Joseph Proudhon, *Qu'est-ce que la propriété ? ou recherche sur le principe du droit et du gouvernement*, Paris, 1840, p.140.
③ *Karl Marx Friedrich Engels Werke (MEW)*, Bd.2, pp.23-56，中译文参见《全》，I/1, 27-67。

里重新回到了第三等级即人民手中，西耶斯的民族主权因而转变成了马克思的"人民主权"（Souveraineté populaire），"等级"转变成了"阶级"（Klass），取代作为民族主体出现的第三等级的是一无所有的"无产阶级"。在西耶斯那里，第三等级就是"所有"或"一切"，"民族"是由第三等级单独组成的政治共同体，那么，对青年马克思而言，既往的阶级与民族之间是什么关系？新生的无产阶级和民族又是什么关系？在1848年2月发表的《共产党宣言》里，马克思坚定地回答道：

> 无产阶级没有祖国。绝不能剥夺他们所没有的东西。因为无产阶级首先必须取得政治统治，上升为民族的阶级，把自身组织成为民族，所以它本身还是民族的，虽然完全不是资产阶级所理解的那种意思。[①]

这个答案显然过于凝练和概括，非常遗憾的是，除此之外，马克思和恩格斯终其一生也没有系统论述过民族问题。那么，如何从马克思主义观点出发定义民

---

① *Karl Marx Friedrich Engels Werke (MEW)*, Bd.4, p.479，中译文参见《马克思恩格斯选集》第2版第2卷，中共中央马克思恩格斯列宁斯大林著作编译局编译，北京：人民出版社，2009年，第51页。

族？如何处理无产阶级运动与民族的关系问题？什么是民族自治权？这些难题不仅在德国社会民主党、奥地利社会主义者、第二国际乃至两次世界大战前后的理论家们之间引起了巨大的争议。爱德华·伯恩斯坦、卡尔·考茨基、海因里希·库诺、罗萨·卢森堡、卡尔·莱纳、奥托·鲍威尔、列宁和斯大林先后加入了这场旷日持久的论争[1]。具体到《共产党宣言》中上述语句的解释方面，罗曼·罗斯杜尔斯基指出，以1910—1920年代德国社会民主党理论家亨利希·库诺为代表的修正主义者错误地认为，马克思主张在无产阶级夺取政治权力之后依然要保持自身的民族性，继而"将自身组织成为民族"。众所周知，库诺在一次世界大战爆发之后的1914年8月曾经一度反对过德国的战争贷款政策，但进入1915年之后他突然从社会民主党的左翼转向了极右翼的多数派，宣称支持艾伯特政府采取的种种战争

---

[1] Leszek Kolakowski, *Main Currents of Marxism,* vol. 2, *The Golden Age*, Oxford: Oxford University Press, 1978, chp.III/5, chp.XII/12, chp.XVI 3; Michael Löwy, "Marxism and The National Question", *New Left Review* I/96, March-April 1976, pp.81-100; Maxime Rodinson, «Le marxisme et la nation», *L'homme et la société, N.7,* 1968, Numéro spécial 150 anniversaire de la mort de Karl Marx, pp.131-149.

举措①。罗斯杜尔斯基暗示，上述解释方式可以被视为库诺为自己的背叛行为所作的开脱②。应当公正地说，库诺除了理论家的身份之外，还是一位民族学教授，他曾对"Nation"作过详细的历史语义学考察，指出在《共产党宣言》诞生的19世纪中期欧洲，"Nation"与德语中另一个表示民族的词汇"Volk"混用，二者同指居住在某一国土境内的全体居民，并无一战前后流行的种族和族裔甚至是族裔民族主义的含义③。早在库诺提出这一解释之前的1899—1904年，奥地利社会民主党就主张建立在民族原则之上的"民族文化自治"政策是挽救饱受尖锐的族群纷争困扰的奥匈帝国免于解体的正确方案④。上述语句的另一种解释来自列宁。这位布尔什维克党的策略大师将无产阶级组织成为民族看做是前者

---

① Helga Greibing, „Heinrich Cunow", *Neue deutsche Biographie,* Bd. 3, Berlin: Duncker & Humblot, 1957, p.439.
② Roman Dosdolsky, *"*Worker and Fatherland: A Note on a Passage in the Communist Manisfesto*"*, *Roman Science and Society*; Summer 1965; 29, 3, pp.330-337.
③ Heinrich Cunow, *Die Marxsche Geschichts-, Gesellschafts- und Staatstheorie. Grundzüge der Marxschen Soziologie*, Bd.2, Berlin: Buchhandlung Vorwärts, 1921, pp.9-11.
④ Otto Bauer, *Die Nationalitätenfrage und die Sozialdemokratie*, Wien: Der Wiener Volksbuchhandlung, 1907, I./§10, pp.95-119; II./§2,pp.149-163; VII. pp.454-484.

在资本主义国家不断走向成熟的必要条件,尽管在某些发达的资本主义国家里"工人没有祖国"。列宁的解释显然不符合《共产党宣言》中的民族论述,马克思和恩格斯明确提出无产阶级在夺取政权之后,而不是在尚未夺取政权之前将自己组织成为民族①。罗斯杜尔斯基认为,当马克思说"工人阶级没有祖国"时,其中的"祖国"应当是指资产阶级的民族国家,而不是族裔意义上的国家,也不是族裔意义上的民族共同体,而是压迫人民的机器;无产阶级夺取政权之后组织而成的民族无非是通向无阶级、无国家社会的过渡形态②。罗斯杜尔斯基的这一态度可以被归结为经典马克思主义在民族问题上所持的立场,它强调阶级意识和阶级互助相对于民族利益的优先性,在沃尔克·康纳看来,列宁和斯大林主张的民族自决权是策略性的,伯恩斯坦、库诺和鲍威尔的主张则是马克思主义的民族主义③。无论如何,马克思主义在民族问题上表现出的三种态度和品质都承认马

---

① *V.L.Lein Werke*, Bd.21, Hrsg. v. Institut für Marxismus-Leninismus, Berlin: Diez Verlag, 1960, p.62.

② Roman Dosdolsky, "Worker and Fatherland: A Note on a Passage in the Communist Manisfesto", pp.330-337.

③ Walker Conner, *The National Question in Marx-Leninist Theory and Strategy*, Princeton: Princeton University Press, 1984, pp.19-20.

克思的民族论述的一致性。伊芙莱姆·尼姆尼总结道，问题的实质就是从一个现代国家的观念出发来定义在历史中形成的地方现象，以西欧大民族国家如英国和法国为模式来抓取和稳固一切有利于保持资本主义生存和发展的东西，从而在物质方面最终为无产阶级的革命做出准备[1]。相反，史劳姆·阿维奈里认为，1848年欧洲革命之后，民族主义的兴起使马克思在对待民族问题上的态度经历了一个明显的转变。在1848年之前，马克思认为无产阶级应以世界主义和国际主义为武器来对抗作为阶级压迫工具的资产阶级民族主义；1848年之后，尤其是德国和意大利的统一及其民族国家的建立使马克思认识到民族主义反而有助于资本主义的发展，从而加速其灭亡的进程[2]。按照上述两种看法，我们似乎可以得到如下结论，即无产阶级与民族在哲学思想上根本无法相容。正如康纳所说，民族主义建立在人类是由不同族群组成的前提之上，这一划分是在纵向上进行的，而马克思主义相信人类更为根本的划分应当是横向的阶级划分；民族主义相信联系人们的纽带是民族意识和民族情

---

[1] Ephraim Nimni, "Marx, Engels and NationalQuestion", *Science and Society*; Fall 1989: 53, 3, pp.297-326.
[2] Shlomo Avineri, "Marxism and Nationalism", *Journal of Contemporary History*, Sep.1, 1991:26, 3, pp.637-656.

感，而马克思主义认为，阶级意识相比民族意识和民族情感而言则更为强大，它最终能够打破各民族的心理和地理界限，促成人类在更大范围内的联合[1]。我们的问题是：假如在现代国家中，民族意识和民族情感在联合人类方面更能发挥功效，那么政治的意义又在哪里？民族意识和民族情感难道仅仅是自然和历史的产物而非政治的结果？如果不能将无产阶级和民族以政治的方式联系起来，我们就无法解释："无产阶级首先必须取得政治统治，上升为民族的阶级，把自身组织成为民族"这句话的含义，也就无从理解徘徊于法国大革命的政治理念和黑格尔法哲学之间的青年马克思对理想的政治共同体的构想过程。《共产党宣言》中的民族论述虽然十分简略，但我们依然能够从中看到青年马克思坚信无产阶级将成为未来民族的主体，他们能够组织成一个理想的政治共同体——民族。接下来的问题是：马克思是如何将来自法国大革命尤其是西耶斯的政治语言即"等级"转换成"阶级"，又如何将资产阶级的政治共同体"民族"转换成无产阶级的理想政治体——民族的？

---

[1] Walker Conner, *The National Question in Marx-Leninist Theory and Strategy*, p.5.

二、民族作为个人的联合体

西耶斯是法国大革命公认的最卓越的象征。斯达尔夫人说,他的著作和观点开启了一个新的政治时代,邦雅曼·贡斯当认为其在思想和制度方面对后世的人们产生了根本性的影响[①]。在大革命左翼历史编纂学传统的代表人物阿尔贝·索布尔看来,18世纪的法国历史主题便是旧制度的危机以及贵族和第三等级的阶级冲突,西耶斯的身影贯穿了这段激昂动荡的历史,他说:

[①] Jean-Denis Bredin, *Sieyès. La clé de la révolution française*, p.16. 西耶斯给同时代人留下的是一个偏执和孤傲的形象,后来因为参与拿破仑发动的雾月政变,他在人们的心目当中又增添了冷酷和恐怖的面影。在1814年拿破仑失败之后,西耶斯避居布鲁塞尔,自此永远退出了政治舞台,直到1830年才重新返回法国。作为政治家,西耶斯生性沉默寡言,加上晚年拒绝撰写回忆录,以致这位大革命的发动者和终结者在私生活方面不为外人所知。除了《论特权》《论1789年法国代表可运用的行政手段》和《第三等级是什么?》等公开发表的著作之外,西耶斯还留下了大量的手稿、笔记、书信和公文,这些曾经一度被认为已经丢失的材料,于1960年代在其后人家中被发现,现收藏于法国国家档案馆。从这些手稿来看,青年时期的西耶斯涉猎的知识范围非常广泛,除政治学、哲学和经济学之外,他还对音乐、数学和自然科学葆有浓厚的兴趣,详见Adler-Bresse, «Le fonds Sieyès aux Archives nationales», *Annales historiques de la révolution Française*, Jan. 1, 1970; 42, pp.519-529.

西耶斯这位拥有一颗优异的政治心灵的人，早在1789年发表的《第三等级是什么？》中就奠定了1789年和1793年的人们借以支撑其全部革命斗争的基石：制宪权，即将所有权力集中在制宪议会和后来的国民公会以及专政手中的基础和正当性。①

"索布尔的十八世纪就是西耶斯及其《第三等级是什么？》的世纪"②，就连从自由主义政治立场猛烈抨击这位左翼史学家的弗郎索瓦·傅勒也认为西耶斯的名作"道出了法国大革命最大的秘密，形成了革命最深刻的推动力，即对贵族的仇恨"③。

等级制是法国中世纪以来实行的封建制度，按照精神价值的高低，人们被划分为教士、贵族以及第三等级，区别于分别负责信仰和政治事物的前两个社会等级，第三等级从事普遍的农业和经济活动，其中包括农民、城市手工业者和商人。法国著名的人类学家杜梅齐

---

① Albert Soboul, *Understanding the French Revolution*, trans. April Ane Knutson, New York: International Publisher, 1988, p.66.
② François Furet, *Penser la révolution française*, Paris: Gallimard, 1978, p.148.
③ François Furet, *The French Revolution 1789-1814*, trans. Antonia Nevill, Oxford: Blawell Publisher, 1992, p.51.

尔将等级制的起源追溯到了中世纪印欧社会普遍存在的"三元功能制"（trifonctionalisme），即这些地方的人们在思考和分析事物的秩序时普遍采用的一种特定方式。历史学家乔治·杜比认为由生活在亨利十四时代的法学家夏尔·卢瓦索引入法国社会的等级制度[①]实际上是将上述三重思维结构与当时诸多的社会关系两相适应的结果，卢瓦索把前者整合成一个包罗万象的结构并使之扩展到整个可见和不可见的世界，旧制度便建立在仿此模式创制的三级会议和各个等级之上。杜比指出，在历史上，这个三重社会功能模型的前提和公理及其存在从未被证明过、也从来没有被召唤过，但是它却与一种宇宙论和神学、确切地说与一种道德关联起来，在它的上面树立起一种被视为"争辩性的话语建构"（discursive polemical formations）的意识形态。它衍生出一种力量，并获得了一种简朴的、理想的和抽象的社会组织意象，杜比质疑道："这个模型是如何与具体的社会关系发生联系的？"这位颇具批判性的历史学家断言，按照三个等级的划分制定的社会制度在法国只不过是一种与历史

[①] Charles Loyseau, *Traité des ordres et simples dignitez*, Paris: Abel L'Angelier, 1610, chp.1, pp.4-12.

现实不符的意识形态,是一种想象中的封建秩序而已[1]。

西耶斯的第三等级定义摧毁了杜比所说的"想象的封建秩序"以及想象中的等级政治,恢复了前者真实的起源和根基,即建立在劳动和劳动分工基础上的社会关系。因此,承担具体社会劳动的第三等级应当单独组成一个完整的民族,不事劳作却享有世袭特权的贵族等级理应被排除在民族之外。于是,"第三等级是什么?"就变成了"民族是什么?"这个新的问题,对此,西耶斯的回答是:

> 生活在一部共同的法律之下并由同一立法机关等所代表之人的联合体。(*QTE*, 13)

排除教士和贵族的第三等级单独组织成为一个完整的民族[2],这意味着等级制度造成的政治差异的消失和一个以劳动为共同标准的同质政治空间的形成:第三等级就是一切。决定某一等级是否能被民族接纳的唯一标准是视其从事劳动与否。第三等级是劳动的等级,它

---

[1] George Duby, *The Three Orders. Feudal Society Imagined*, trans. Arthur Goldhammer, Chicago: The University Chicago Press, 1978, p.8.
[2] "第三等级就是排除了教士和贵族的民族","这是一个伟大的真理", Emmanuel Sieyès, *Qu'est-ce que le tiers-état ?* p.14.

的劳动成果供养着前两个等级，其劳动目标在于公共利益；享有特权的贵族奴役第三等级，给它带来痛苦进而损害公共利益。假如有人辩称贵族压迫和奴役第三等级的权利来自前者作为征服者的高卢人和罗马人的种族和血统，西耶斯反驳道，那么他们的血统不比西甘布尔人、威尔士人和其他远古时期的野人更加高贵，相反，只有第三等级才可称得上是整个民族之父，贵族的奴役行为则无异于历时千年的"弑父"行径，"应该将它（指贵族——笔者）驱逐到另一边去，第三等级要重新成为贵族和征服者"（*QTE*, 17-18）。第三等级应当夺回与自己所付出的劳动数量和性质相称的荣誉和地位，使自己成为一个"普遍的等级"，用西耶斯的话来说："应把第三等级理解为从属于普遍等级[①]的所有公民整体。"（*QTE*, 18）

"一部共同的法律和一个共同的代表造就了一个民族。"（*QTE*, 18）德国学者伊丽莎白·菲伦巴赫调查了"nation"这个词汇或术语在1789年具有的三种相互争辩的意义，即1.与等级社会相对，民族是在政治和经

[①] "l'ordre"即"等级"源于拉丁语"ordo"，它在古罗马和中世纪法学家那里兼有等级和秩序之义，详见George Duby, *The Three Orders. Feudal Society Imagined*, pp.73-75.

济意义上同质和自足的整体。当路易十六希望召集中断了数百年的三级会议之际，1789年六月政变以及由西耶斯和第三等级代表组成的国民制宪议会（即国民公会）的召开摧毁了旧制度的"哥特空间"，第三等级组成的民族整体代替了国王成为新的政治主体；2.与传统中神圣的君主主权相对，民族是主权的唯一来源——民族主权；3.作为一个对贵族制和特权的排斥性原则，民族的理念被置于公法内部，这个围绕敌我关系展开的新政治概念推进了一种新政治秩序的形成，并由此开启了内战的道路[1]。应该说，民族的这三重意义均源于西耶斯对民族政治共同体的话语建构。在1789年法国大革命中，民族不仅是抽象的政治原则，同时它又是基于特定的政治情形召唤人们采取政治行动的实践原则，或者说是福柯意义上的话语实践。1789年5月4日召开的三级会议本意是为了解决法国面临的财政危机，但是前两个等级在投票方式上与第三等级发生的争执使会议长久地陷入了僵局。6月10日，第三等级代表接受了西耶斯的提议，向教士和贵族发出最后邀请，呼吁他们加入自己的行列并声称："针对所有大法官辖区的普遍召集令已经于今

---

[1] Cité par Pasquale Pasquino, *Sieyès et l'invention de la constitution française*, Paris: Editions Odile Jacob, 1998, pp.55-56

日发出,假如他们不能出席,那么无论特权等级出席与否,确权的行动将会如期举行。"6月16日,西耶斯提出将第三等级议会的名称由"公社"改为"国民公会",目的是把第三等级和一部分教士一起包括进来,这个提议最终被会议通过。其实,"国民公会"(Assemblée nationale)的命名过程也是一波三折。就在6月15日这一天,第三等级的代表们为此进行了一场激烈的讨论。西耶斯最初建议的名称是"由法兰西民族熟知和认可的代表议会",米拉波的提议是"法兰西民族代表",穆尼埃的是"由占民族大部分并可在少数人缺席条件下付诸行动的代表组成的合法议会",拉香巴理埃的是"合法认可的民族代表",马洛埃的是"民族多数派议会"。最后,来自布尔热的代表勒格朗建议出席会议的现有代表组成"国民议会",这就回到了西耶斯早在1789年2月发表的《第三等级是什么?》中首次提出的建议上[1]。拉香巴理埃说,"从25000000位公民那里取得权力的公民代表们普遍认为,在国民公会里,按照人数投票将会有利于国家,有利于国家的前途,有利于使公众的自由得到稳固","国民公会所有成员整体"将让人们能够

---

[1] Jaques Guilhaumou, *Sieyès et l'ordre de la langue. L'invention de la politique moderne*, p.91.

预见到"你们组成的是国民公会，而非相互分离的等级和第三等级的团体"。在翻阅了1789年5月7日至6月12日的国民公会档案后，皮埃尔·拉马克发现，"国民公会"一词不仅频繁地出现在第三等级议会团体"公社"中，而且还能从贵族和国王口中听到。6月13日，贵族拉里-托朗达尔伯爵已经承认"国民公会"作为一个"积极的会议"已经成为事实。在三级会议召开的第二天，国王在演说中说，"先生们，我心里期待已久的这一天终于到来了，我看到自己的周围聚集起了一个民族的代表，能够对他们发号施令令我感到非常荣幸"。此番话表明国王在内心里已经将民族与自己分离了开来，这与路易十四的"朕即国家"形成了鲜明的比照[1]。

第三等级或者说获得自由的个人如何组成民族？在《第三等级是什么？》一书的第五章，西耶斯分析了政治社会的最终形成需要经历的三个不同的阶段：1.一定数量孤立的个人愿意联合在一起，因为拥有彼此联合的意志，他们就同时拥有了权利（droit，即"法"）并且实施了这一权利（法），"单单就这一事实而言，他们就已经形成了民族"（*QTE*, 106），也就是说，民族

---

[1] Pierre Lamarque, «Naissance de l''Assemblée nationale'», *Dix-huitième Siècle,* no. 20, 1988, L'année 1789, pp.111-118.

首先是个人意志的产物，后者是一切权利或法的来源；2.联合起来的个人欲求稳固他们既有的联合，并赋予这一联合以目标，他们聚集一处商定什么是共同的需求以及能够满足这些需求的权利，个人意志经此变成了公共意志。尽管个人意志是公共意志的来源，但假如将二者分开来考虑，个人意志便什么也不是：没有个人意志的联合，公共意志就根本无法形成"一个意志和行动的整体"（*QTE*, 107）；3.公共意志或民族意志以及实施公共意志的权力被委托给代表整个民族的政府来实施，由此现实的公共意志转变成为代表性的公共意志，其组织方式和形式便是政治制度，后者的来源只可能是民族，反过来说，政治制度是民族根据自己的意愿赋予自己的形式。在这个意义上，西耶斯说：

> 民族先于一切而存在，它是一切的根源。其意志总是合法的，它就是法本身。（*QTE*, 111）

政治制度得以形成的第2阶段正是现实社会中民族真正形成的阶段。在西耶斯的理论框架里，民族共同体的形成基于个人联合的意愿，因而它是自然法（权利）所致；在第3阶段产生的政府则是人为法或实定法的结果，也就是说，由公民代表组成的政府是受民族委托的代理执行者,"民族是唯由其自身的存在所能做到的一切"(*QTE*, 111),而非由在民族之外、具有神圣起源(上帝——引者注)的君主所为。在西耶斯1789—1791年间撰写的著作当中,"民族"与"一切"的合用相当于政治学家和法学家通常使用的"民族主权"①。

西耶斯接下来讨论的民族与制度或民族与政府的关系实际上就是主权与宪法,即自然法(民法)与政治法、社会秩序与政治秩序之间的关系,他说:

> 两种法的差异在于,自然法和民法是为了保持和发展社会所形成的东西,而政治法则是社会借以形成和保持的东西。为了表达上更加清晰,第一种法可被称为消极法,第二个为积极法。②

自然法和政治法(实定法)的共同来源是民族,后者首先是个人基于"相互需要"自愿联合起来的社会体,其次是通过赋予自己形式即宪法的方式而成为一个政治体。这与其说体现了黑格尔意义上的市民社会与政

---

① Jaques Guilhaumou, *Sieyès et l'ordre de la langue. L'invention de la politique moderne*, p.87.
② Emmanuel Sieyès, *Préliminaire de la Constitution française*, 1789, p.36.

治国家的分离，不如说二者是民族共同体的一体两面，因为民族形成过程中的上述两个阶段在逻辑上是连续的，然而我们的问题是：联系市民社会与政治国家的纽带究竟是什么？

西耶斯将生活在国家内部的所有人群划分为四类：

1.从事田间劳动，为他人提供物质需要的类别；

2.从事产业劳动，使自然产品增值的类别；

3.介于生产和消费之间的商人和批发商；

4.从事特殊的工作，直接服务于人或者为人提供娱乐的类别，其中包括科学职业或其他各类自由职业者[①]。

以上对阶层而非对社会等级的划分是以普遍劳动为标准的。在《论财富的信》中，西耶斯说，"普遍劳动是社会的基础，社会秩序无非是最佳的劳动秩序"，因此，"我们应付出所有的努力来保障并促进物资的再生产，它要求我们共同参加劳动，于是这个特殊目标变成了全社会的普遍目标；除了服务于全部社会成员之外，它难道还有别的目的？联合无非是每个人渴望以最为富足和最为确定的方式得到自己所想要的东西即财富的最佳手段。社会需要生产物资的活力，一种共同生产财富

---

① Emmanuel Sieyès, *Qu'est-ce que le tiers-état ?* pp.5-6.

的活力，它不依自然的力量而存在"①。拥有生产活力的个人是一个运动的、因而是自由的个体。在《形而上学笔记》（1773—1776）中，西耶斯沿着莱布尼兹开创的理性哲学和孔狄亚克的唯物主义哲学，将自我定义为一个行为原则，这不同于流行于17世纪的笛卡尔式处于静态冥思中的自我。自我的行动不仅表现为把握自我身份的总体（statue，孔迪亚克）②所凭借的反思行为，而且还能推动自我对外在相似性的认知，促进对行为与认识、判断以及对诸事实间之关系的理解，换言之，自我的行动先于并推动自我的认知活动。在此，"孤立的人"变成了一个不断被投入到实验当中的人，他的自由表现在"其行为将会因经验的不断丰富而得到完善"。更重要的是，自我能够通过类比和抽象的方式确定自己与其他个人之间的相似性，建立与他们之间的公共性，并以公共性为尺度来衡量自我和他人，进而通向获取最佳行动方式的途径。西耶斯说，"取得质量、衡量数量，这是我们的行动目标"，所谓最佳的行动方式无非就是由自由的个人联合起来组成的一个被命名为民族的

---

① Cité par Jacques Guilhaumou, *Sieyès et l'ordre de la langue. L'invention de la politique moderne*, p.87.
② Jacques Guilhaumou, *Sieyès et l'ordre de la langue. L'invention de la politique moderne*, p.39.

整体[1]。在这个意义上，个人与民族本为一体，即所谓"个人—民族"，西耶斯解释道，"民族就是处在自然状态中的个人，他们没有任何差别，个人（在民族中——引者注）也完全是为自己而存在，没有任何困难"[2]。

一切拥有生产活力的、自由的个人均应成为民族共同体的一员，成为国家公民。伴随人口众多的第三等级组织成为民族，公民的数量、范围和空间得到了巨大的扩展，所有的公民都应当享有选举权和被选举权，以及行使管理公共事务的权力。然而现实的情况并非如此。西耶斯认为，民族主权必然要由受公民委托的代表组成的政府来行使，也就是说，现代国家施行的不是纯粹的民主，而是代表性的民主。那么，哪些公民有资格代表民族？代表与公民、与公民的自由联合体——民族是什么关系？贵族被排斥于民族之外，自然不能够代表公民管理公共事务，尽管他们当中不乏才俊。即便在第三等级内部也存在着各种各样的差别，法律因此也必须对委托者和被委托者的资格做出限制。西耶斯认为，法律一

---

[1] Jacques Guihaumou, «Nation, individu et société chez Sieyès», dans *Genèse*, 26, 1997, pp.4-24.

[2] Emmanuel Sieyès, «Délibérations à prendre pour les Assemblées de Bailliage», cité par Jacques Guihaumou, «Nation, individu et société chez Sieyès», *Genèse*, 26, 1997, pp.4-24.

方面应规定合格的委托人应当具备的适当年龄、性别、职业，未足龄者、妇女、游民、乞丐、仆役和依附于主人者，还有未入籍的外国人等等均不能代表公民①。另一方面，应当信任出自第三等级的可用之才，后者指那些"可以轻松地接受一种自由教育、培养自己的理性，最后对公共事务感兴趣的人"（QTE, 40）。接着，西耶斯区分了两类公民：

> 一个国家的所有公民均应享受消极公民的权利：所有人都有权保护自己的人格、财产和自由等等，然而不是所有人都有权利积极参与公共权利的组织：并非所有人都是积极的公民。②

劳动分工学说是西耶斯区分消极和积极公民的依据，这位亚当·斯密的门徒视政治为"一种和其他所有生产性劳动一样的劳动"，"公共利益与社会状态自身的改善呼吁我们将政府的工作看作一种特殊的职业"③。在古代社会，特别是在斯巴达和罗马，由于国

---

① Emmanuel Sieyès, *Qu'est-ce que le tiers-état ?* p.38.
② Emmanuel Sieyès, *Préliminaire de la constitution française*, p.36.
③ Emmanuel Sieyès, *Observations sur le rapport du comité de constitution, concernant la nouvelle organisation de la France*, Versailles: 1789, p.35.

土狭小、人口稀少，更多的是由于奴隶承担了全部的社会劳动而且缺乏独立意识，自由民便拥有了充足的时间直接参与公共事务，西耶斯将这种民主方式称之为"纯粹的民主"。在他看来，这一粗疏的民主形式根本无法满足现代社会的需要。劳动的普遍化制造了大量缺乏智慧、兴趣和能力的"不可用之人"，他们只能消极地享受法律提供的保护，不能积极地参与公共事务。由此看来，按照劳动分工原则设计出来的代议制政府最能适应于现代商业社会的要求，也最有利于增加社会的生产性能，因此它是社会进步和真正的文明原则[1]。

民族代表来自第三等级中的"政治阶层"，要在联合体中做一个成功的"积极公民"，他必须拥有适合政治劳动的"头脑、心灵和知识"，具备"政治能力、社会教育、自觉的贡献"，"擅长军事或者至少擅长一种公共职能"[2]。选举公民代表的过程实质上是甄别他们的政治资质和代表性。如何理解这种代表性？在《社会契约论》里，卢梭遵循霍布斯的直接民主原则，指出

---

[1] Pasquale Pasquino, *Sieyès et l'invention de la constitution française*, pp.33-41.

[2] Lucas Scuccimarra, «Généalogie de la nation: Sieyès comme fondateur de la communauté politique», *Revue française d'histoire des idées politiques*. no. 33 (1er semestre 2011), pp.27-45.

人民既是主权者,又是臣民,二者之间无需代表作为中介:"主权既不能被代表,也不能被让渡;从本质上说,它存在于公共意志,而意志根本不能被代表:它要么是同一个,要么是别的东西;不存在所谓中介。人民的使者既不能构成也不能是代表,他们无非是受委托的人而已。"[1] 这位日内瓦公民认为,关于代表的思想只是到近代才出现的东西,它源于封建政府,人类在那时尚处境卑微,甚至连人这个名字也处在不名誉的状态[2]。在卢梭这里,代表制被视作分离的公共意志或权利分工加以拒绝,这意味着取消政治权利在公民和国家之间的实际运作[3],遗憾的是,这一方案仅适用于小国寡民的状况,难免给人一种乌托邦的印象。

西耶斯反对卢梭的抽象原则,在民族(即由个体公民组成的联合体或曰人民)和代表之间建立了一种新型的关系,二者一方面相互制约,另一方面又相互联系并保持信任,从而呈现出一种非常复杂的关系:

1.由民族委派的特殊代表组成的国民公会的任务

---

[1] Jean-Jacques Rousseau, *Du contrat social ou Principiels du droit publique*, Amsterdam: chez Rey, 1762, pp.173-174.

[2] Jean-Jacques Rousseau, *Du contrat social ou Principiels du droit publique*, 1762, p.174.

[3] Pasquale Pasquino, *Sieyès et l'invention de la constitution française*, p.44.

是在"例外状态"出现之时为民族制定一部宪法,所谓例外状态是指传统政体断裂、其合法性受到挑战的特殊情形,此时,国民公会行使的是制宪权(pouvoir constitutant),赋予其制宪权的公民(民族)行使的是委托权(pouvoir commettant);

2.由民族委派的普通代表负责执行公共意志中能够维护良好社会秩序的部分,他们所行使的是宪法规定的权利,因而被称之为宪制权(pouvoir constitué);

3.人民权利仅限于委托权即选择和委派行使真实权利者,以及在例外状态下组成行使制宪权的公共机构;

4.无论是单个的公民,还是公民总体(民族或人民)均不能行使理应委托给代表来执行的制宪权和宪制权,反之,假如没有人民的委托,没有底层的批准,制宪权和宪制权的行使就是非法的[①]。

三、君主主权与人民主权

在法国旧制度下,国会中一些贵族反对派声称受民族的委托,代表法兰西统一和不可分割的民族主权,

---

① Emmanuel Sieyès, *Qu'est-ce que le tiers-état？* p.119; Emmanuel Sieyès, *Préliminaire de la constitution française*, pp.8, 19, 36.

他们以正义最终属于国王的名义行使司法权，但常常越过国王本人对他发出的成命进行监察、争辩、修改甚至是驳回[1]。"是宫廷而不是君主在统治。是宫廷在行事和败事，任命和委派大臣，设置和分配官职。"[2]鉴于宫廷的僭越行为愈演愈烈，路易十五有时不得不亲自出面维护自己的利益，在1766年3月3日最高法院举行司法会议时，他说："公共秩序完全出自于我，民族权力和民族利益必须与我的权力和利益结为一体，而且也只能掌握在我的手上，有人竟敢拉帮结伙试图将它们从君主这里分离出去。"[3] 时隔22年之后，在路易十六亲临三级会议试图调解贵族和第三等级争端未果之后，后者的首领巴依喊出了"国民公会决不接受什么王命"的口号，米拉波甚至说，"除非使用武力，否则我们绝不离开"。革命爆发后，无论是西耶斯神父，还是有"人民口舌"之称的米拉波伯爵均无意立即废黜国王，而是将君主与臣民的法律关系颠倒过来："民族设立了君主，

---

[1] Pasquale Pasquino, *Sieyès et l'invention de la constitution française*, p.56.

[2] Emmanuel Sieyès, *Qu'est-ce que le tiers-état ?* p.26.

[3] Cité par David Bastide, «Notes sur la naissance de la nation modern: le rapport entre le roi et la nation dans le discours des constitutions 1789-1791», *Revue historique de droit française et étranger*, vol. 77, No.2 (Avril –Juin 1999), p.246.

而非君主设立了民族"①，在第三等级组成的民族共同体里，最适合国王的位置莫过于"民族首脑"和"第一公民"。在革命进入高潮的1789年8—9月，是否保留国王"搁置性否决权"成了国民公会的重要议题。9月7日，西耶斯神父打破习惯性的沉默，突然出现在国民公会的议席上，发言反对授予国王上述权利。他提请与会代表注意，路易十六在三级会议的讲话中自以为与民族是一体，那么其个人利益和思想与整个民族的利益须臾也不能分离，否则就会有损于国王的尊严②。国王作为民族中的一个普通的公民，可以表达个人的意志，有权选举其他代表也有权被选入各级议会。然而，否决权和准许做事的权利一样属于立法机构，假如国王被授予这样的权利，那他不是以执政者而是以民族首脑或"第一公民"的名义，而他在立法上并不比其他代表拥有额外的权威。西耶斯认为，国王行使否决权的效果如同以一纸带有印鉴的文件来攻击民族的意志、攻击整个民族③。在1789年宪法草案当中，国王被降格为国家的普

---

① David Bastide, «Notes sur la naissance de la nation modern: le rapport entre le roi et la nation dans le discours des constitutions 1789-1791», p.250.
② Emmanuel Sieyès, *Dire de la abbé Sieyès sur la question du veto royal. A la séance du 7 Septembre 1789*, Paris: 1789, p.4.
③ Emmanuel Sieyès, *Dire de l'abbé Sieyès sur la question du veto royal*, p.9.

通官员，拥有有限的行政权，但必须宣誓效忠于民族。数月之后发生的一场外交和政治危机再次将国王在公法中的地位问题提上了议事日程。1790年4月，由英国和波旁王朝统治下的西班牙因争夺弩特卡峡殖民地爆发冲突。自从路易十四的小儿子接替哈布斯堡王朝的卡尔二世做了西班牙皇帝之后，两国订立了外交互助和家族协约。根据这一协约，当法王接到西班牙皇帝也就是路易十四侄子的求救信后，他答应派出军舰援助盟国。路易十六的行为在本来就对国王的专断心有余悸的国民公会里激起了轩然大波。罗伯斯庇尔强调，国王是民族代表的说法并不准确，他应当只是受民族委派执行民族意志的使者而已，换言之，对民族来说，国王是一种"最高的用途"，他肩负着民族的"崇高使命"[1]。在国王法律地位的问题上，皮埃尔·罗德尔律师的意见最接近于西耶斯：

> 国王并非真正的代表，因此可以称之为虚设，这一虚设对以此名分赋予其否决权的职能来说是必

---

[1] David Bastide, «Notes sur la naissance de la nation modern: le rapport entre le roi et la nation dans le discours des constitutions 1789-1791», p.254.

要的，后者是立法权的一部分。①

从1789年7月开始经历了数月的酝酿和辩论最终于1791年9月3日颁布的法兰西宪法废除了君主主权，确立了主权在民的原则，严格限制了国王拥有的行政权和立法权，降低了君主在民族政治生活中地位，旧制度下掌握生杀予夺大权的君王单从政治上而言成为普通的国家官僚。按照西耶斯和罗伯斯庇尔的主张，国王在新的政治社会中几近虚设，尽管二人的出发点并不相同②。1688—1689年光荣革命之后形成的英国议会君主制，其设计理念旨在维持国王与议会两方的权利平衡，这个二元制在法国革命政府建立的"自由君主制"那里根本不存在。西耶斯在《第三等级是什么？》中宣称民族完全自由，不受任何外来形式的制约，它自愿赋予自身以形式、组织和宪法，是一切权利和法的共同来源，其彻底的一元性与立宪君主国家以及黑格尔对它的理性解释大相径庭。

---

① J. Madival and E. Laurent, et. al., éd. *Archives parlementaires de 1789 à 1860: recueil complet des débats législatifs & politiques des Chambres françaises*. Paris: Librairie administrative de P. Dupont, 1862, vol.29, p.323.
② Pasquale Pasquino, *Sieyès et l'invention de la constitution française*, pp.50sq.

法国大革命爆发时，在图宾根神学院学习的年仅19岁的黑格尔和他的朋友荷尔德林、谢林为此感到欢欣鼓舞，相传在1793年7月14日也就是革命第三个纪念日这一天，三位挚友相约一起种下了一棵象征自由的树。从图宾根到伯尔尼、法兰克福、耶拿，直到他去世的1831年，黑格尔保持着每天早晨都要阅读当地报纸的习惯，他持续关注着莱茵河彼岸的法国政局，雅各宾派执政造成的大恐慌、改革、战争、神圣同盟的反击、拿破仑的溃败以及七月王朝的复辟等等事件，就连大革命影响下在南美法殖民地海地爆发的奴隶造反运动也尽为其所熟知[1]。吉约姆·利特尔毫不夸张地说："在黑格尔那里，哲学与时代相关的所有规定，尤其对问题的拒斥和抓取均围绕着一个事件聚集在一起，这个事件就是法国大革命，再没有第二种哲学像黑格尔的哲学那样在其最深刻的动力方面就是革命的哲学了。"[2]革命的原因究竟是什么？为何法国革命会一浪接着一浪、接连不断地发生而无法完结？如何从哲学上解释这一历史进程？从耶拿时期始，尤其是在《现实哲学讲座》（1805/1806）

---

[1] Susan Buck-Morss, *Hegel, Haiti and Universal History*, Pittsburg: University of Pittsburg Press, 2009.

[2] Joachim Ritter, *Hegel und die französische Revolution*, Köln: Westdeutsche Verlag, 1957, p.15.

和《精神现象学》(1806)里，黑格尔对上述诸问题进行了严肃的思考，诸如财产、契约、公正、道德、君主、等级和国家等等这些主题汇集成了1820年面世的《法哲学原理》一书的主要内容。

在伯尔尼期间（1793年10月—1796年7月），黑格尔结识了康拉德·欧斯勒纳，后者作为法兰克福派往巴黎的新闻记者曾经于1792—1793年间亲身经历了法国大革命的一系列重大事件，他结交了许多革命中的大人物，甚至曾一度列席了雅各宾俱乐部的会议。由于对罗伯斯庇尔等人造成的政治大恐慌感到震惊，他随后又接近了吉伦特派。欧斯勒纳在《米涅瓦》杂志上发表的《巴黎信札》首次向德国人报道了法国革命的情况，黑格尔在一封致谢林的信件中提到了这些令他印象深刻的文字[1]。在两人交往的这段时间，欧斯勒纳恰好在翻译西耶斯的《政治著作》，这部内容完备、篇幅长达1300页的两卷本文集于1796年出版。对西耶斯在法国革命时期的政治思想，作为欧斯勒纳朋友的黑格尔应该是非常熟悉。在对待大恐慌的态度上，他和欧斯勒纳并无二致。如何遏制人民的革命激情，结束革命造成的混乱秩

---

[1] Horst Althaus, *Hegel und Die heroischen Jahre der Philosophie. Eine Biographie*, München: Carl Hanser Verlag, 1992, p.56.

序，重建后革命时代的政治稳定？1794年7月，罗伯斯庇尔被处死，吉伦特派上台，大恐慌年代宣告结束。西耶斯这位被罗伯斯庇尔诅咒为"大革命鼹鼠"的人在亲身经历了死亡的恐怖之后，庆幸地喊出了"我终于活了下来！"从那时起，上述问题就一直萦绕在这位法国"公法之父"的脑海里。直至1799年他再次出手策划了雾月十八日政变，将一个革命者拿破仑推上了皇帝的宝座，这一切正如当时人们的评论那样，说他"送走了一位国王，迎来了一位皇帝"。法国血淋淋的事实就摆在前面，当他回首审视普鲁士国家现行的君主制时，晚年黑格尔自然觉得其合理性是不言而喻的。如何从超越经验层面的哲学上，准确地说，如何从世界精神的发展、从人类普遍历史的角度解释其国家合理性呢？

从青年时代起，黑格尔就把国家看作是历史的产物，哲学为国家的历史合理性提供了解释。在他看来，《理想国》并非只是对柏拉图理想中的国家的简单论述，而只能被把握为在作者眼中希腊道德风俗走向衰败的表征。柏拉图渴望从古希腊道德风俗的外在形式方面探索导致其国家衰败的原因，以期遏制希腊人内心的深刻冲动即其人格自由无限的扩张。由此，黑格尔说出了其从事的历史解释工作所依据的核心原则："合理的就是现实的，现实的就是合理的。"[1]同柏拉图的《理想国》、亚里士多德的《政治学》、霍布斯的《利维坦》以及卢梭的《社会契约论》相比肩，1821年出版（1820年定稿）的《法哲学原理》一书是西方法哲学史上为数不多的名著之一。从1816年至1831年，黑格尔在海德堡和柏林先后七次讲述法哲学，除了1821/1822年冬季学期的讲义尚未发现之外，其他六次课程的讲义均已出版[2]。这段时期正是欧洲从拿破仑失败后普遍建立的君主制走向资产阶级革命的特殊时期。1814年6月，路易十八结束了流亡生涯在法国加莱主持制定了《宪章》，1815年7月开始实行的《宪章》虽然继承了大革命的世俗平等、公共自由和财产所有权等等政治成果以及拿破仑

---

[1] George Wilhelm Friedrich Hegel, *Grundlinien der Philosophie des Rechts oder Naturrecht und Staatswissenschaft in Grundriss, Werk 7*, Frankfurt: Suhrkamp Verlage, 1989, p.24.

[2] Karl-Heiz Ilting, „Einleitung: Die, Rechtsphilosophie 'von 1820 und Hegels Vorlesungen über Rechtsphilosophie ", In: Georg Wilhelm Friedrich Hegel, *Vorlesungen über Rechtsphilosophie 1818-1831*, Bd.1, Edition und Kommentar v. Karl-Heiz Ilting, Stuttgart: Friedrich Frommann Verlag, 1973, pp.111-112; Georg Wilhelm Friedrich Hegel, *Vorlesungen über Naturrecht und Staatswissenschaft, Heidelberg 1817/18*, Hrsg.v. C.Becker, Hamburg: Felix Meiner Verlag, 1983; Georg Wilhelm Friedrich Hegel, *Philosophie des Rechts. Die Vorlesung 1819/1820 in einer Nachschrift*, Hrsg.v. Dieter Henrich, Frankfurt: Suhrkamp, 1983.

时代形成的中央集权制,却无限扩大了国王的权力直至其可以越过两院直接颁布敕令,这意味着他将民族或人民主权恢复到了旧制度下的君主主权。在随后十数年围绕选举制改革发生了一系列政治动荡,直到1830年7月25日,盛怒之下的查理十世颁布敕令终止了立宪制、加强了本已开放的新闻检查制度,国王的行为引发了巴黎街头的七月革命,最终将一位支持革命的、非波旁王朝的奥尔良公爵路易·菲利普推上王位①。1814年11月至1815年6月召开的维也纳会议在维持大国权力平衡的原则下对德意志国家的领土重新进行了划分。1815年6月8日,奥地利、普鲁士、拜因、汉诺威和黑格尔的家乡符腾堡联合起草了《德意志联邦法案》,这个由38个(随后增加到41个)拥有主权的公国和自由城市组成的松散联邦的目标是"维护全体德意志国家对内和对外安全以及每一个德意志国家的独立和不受侵犯"。维也纳会议的主导者、奥地利首相梅特涅主张保持联邦内单个国家的主权及其合法性原则的做法遭到了自由主义者和民族运动的批评和抵抗,在他们看来,德意志联邦实际上就是应维也纳会议倡导的君主制原则建立的,是保守的秩序

---

① Geogers Duby, *Histoire de la France: des origines à nos jours*, Paris: Larouss, 1999, p.586.

观念、合法性及其安全性的保护地①。伴随着维也纳会议最终决议的形成，德意志国家进入了一个政治和社会复辟的历史阶段，来自德意志联邦各个公国的青年大学生、教授、公众人物和市民纷纷呼吁执行联邦法案第13款各国召集等级会议的规定，要求兑现政府在拿破仑战争中的宪法许诺。于是，君主制的守护者和主张德国制宪和统一的年轻一代自由主义者和民族主义者之间成为仇敌。在此期间发生的三个历史事件均与黑格尔有关，并且对其法哲学观念的曲折发展造成了深刻的影响：1817年10月8日，德国大学生社团（Bursenschaften）在瓦特堡举行集会表达其统一和自由的诉求。黑格尔与施莱尔马赫、德维特一起受邀参加了该组织于1819年5月2日在皮歇尔堡举行的另一次集会，他甚至被同事们视为德国大学社团的领导者②；1819年3月23日，基森的"社团无条件者协会"领导者和法学讲师卡尔·福伦斯的学生和追随者卡尔·路德维希·森德在曼海姆谋杀了

---

① *Deutsche Geschichte von den Anfängen bis zur Gegenwart*, Hrsg. v. Martin Vogt, 4 erweiterte Auflage Stuttgart J. B. Metzler Verlag,1997,p.416.

② Karl-Heiz Ilting, „Einleitung: Die, Rechtsphilosophie 'von 1820 und Hegels Vorlesungen über Rechtsphilosophie ", p.44；关于黑格尔与德国大学生社团的关系，可参看Jacques D'Hondt, *Hegle et son temps (Berlin, 1818-1831)*, Paris: Editions sociales, 1968, pp.147-170.

公开为俄国服务的作家奥古斯特·冯·库茨布,黑格尔在这一事件上与其死敌雅各布·弗里德里希·弗里斯等人就"信念伦理"和"目的是否使手段神圣化"的问题发生了一场争论,前者赞赏桑德的思想但对谋杀行为有所保留[①];迫于当时的安全形势,1819年8月6—31日,由梅特涅提议,奥地利、普鲁士、巴登、麦克伦堡和拿骚在卡尔斯巴登秘密召开会议,决定对煽动民众造反的人进行追捕,限制他们在大学的教学活动、出版和言论自由,并取缔大学生社团。这些被怀疑和追捕的人包括:自由主义者维尔克、民族主义者阿恩特、"体操之父"雅恩、改革者威廉·冯·洪堡、神学家施莱尔马赫等等,与黑格尔过从较密的学生乌尔里希、海宁、弗罗斯特、阿斯福鲁斯也都先后遭到当局的怀疑和逮捕,卡罗维还因此失去了大学教职[②]。黑格尔一方面致信普鲁士警察部长维特根斯坦为自己的学生阿斯福鲁斯的"煽动"行为开脱,帮他撇清与德国大学生社团的关系[③],

---

① Karl-Heiz Ilting, „Einleitung: Die, Rechtsphilosophie 'von 1820 und Hegels Vorlesungen über Rechtsphilosophie ", pp.47-51.
② Karl-Heiz Ilting, „Einleitung: Die, Rechtsphilosophie 'von 1820 und Hegels Vorlesungen über Rechtsphilosophie ", pp.51-55.
③ *Heglel an das preuss. Polizelministerium (27 Jul.1819)*, In: *Briefe von und an Hegel*, Hrsg. v. Johannes Hoffmeister, Hamburg: Felix Meiner Verlag, 1953, pp.216-217.

另一方面就政府以煽动民众之名解聘德维特大学教职一事表示支持，后一行为遭到了施莱尔马赫的攻击，两人甚至在一次聚会中发生了激烈的争吵[1]。对黑格尔来说，1819年夏天是"交织着恐惧和希望的、永不得安宁的时期"。在写于1819年12月5日的一封书信中，柏林新闻记者冯·柯林茨呼吁设在柏林大学的政府委员会将"施莱尔马赫、黑格尔和孔帕尼作为亲政府力量的敌人"解聘，这封信经普鲁士警察部长维特根斯坦公爵之手转交给了文化部长阿尔滕斯坦因。在致朋友尼特哈默的书信中，黑格尔袒露自己时时刻刻面临被追捕的危险[2]。卡尔斯巴德法令不但使1819年晚夏就已经完稿的《法哲学原理》延期出版，而且还促使黑格尔不得不花费很长时间就已经变化了的政治形势对行将付印的手稿作了详细的修改，该书直至1820年6月25日才再次定稿。在致普鲁士国务总理哈登堡的信中，黑格尔表示要将哲学与普鲁士国王陛下领导的政府和在哈登堡英明领导下

---

[1] Terry Pinkard, *Hegel: A Biography*, Cambridge: Cambridge University Press, 2000, pp.445-447.
[2] Karl-Heiz Ilting, „Einleitung: Die, Rechtsphilosophie 'von 1820 und Hegels Vorlesungen über Rechtsphilosophie ", p.62.

的普鲁士国家保持一致视为自己的科学追求[1]。

对青年马克思来说，黑格尔对现代国家制度的理性和历史分析非常具有吸引力，实际上，自1837年开始直至从《莱茵报》去职，马克思都是黑格尔国家理论和君主立宪原则的热情支持者。1843年之后，他从鲁格那里接受了费尔巴哈唯物论思想的影响，由黑格尔中派阵营逐渐转向了以鲍威尔为首的黑格尔左派。由于不满鲍威尔及其追随者将批判的工作单纯局限在宗教和思想领域，加上对普鲁士政治环境的日益反感和对黑格尔形而上学观念的怀疑，马克思从政治批判的角度接连撰写了《黑格尔法哲学批判》《论犹太人问题》和《〈黑格尔法哲学批判〉导言》，这些手稿和文章的发表显示出马克思已经转变成了一位共产主义者[2]。《黑格尔法哲学批判》[3]又称《克鲁茨纳赫手稿》，是新婚之际的马克思在1843年秋天于温泉小镇克鲁茨纳赫开始写作的，同

---

[1] Karl-Heiz Ilting, „Einleitung: Die ‚Rechtsphilosophie' von 1820 und Hegels Vorlesungen über Rechtsphilosophie", p.67.

[2] Norman Levine, *Marx's Discourse with Hegel*, New York: Palgrave Macmillan, 2012, p.180; Dieter Henrich, *Hegel im Kontext*, 4 veränderte Aufl., Frankfurt: Suhrkamp Verlag, 1971, pp.187-208.

[3] 对《黑格尔法哲学批判》的全面分析，详见David Leopold, *The Young Karl Marx, German Philosophy, Modern Politics, and Human Flourishing*, Cambridge: Cambridge University Press, 2007, pp.17-99.

样是在这个地方，他集中地研读了法国大革命以及国民公会的历史。因此，马克思用以批判黑格尔的主要武器在费尔巴哈有关人是社会存在的思想之外，更重要的是他一直信奉的法国大革命的政治原则，这集中体现在他对黑格尔《法哲学原理》中的王权、市民社会与政治国家的分析和批判上面。在黑格尔看来，普遍的历史之所以是合乎理性的，乃因为它就是理性或者说是（绝对/自由）精神的现实存在；反之，现实世界中发生的历史就是客观精神的现实存在。具体而言，客观的精神作为客观的伦理，其发展过程经历了三个不同的环节，即家庭、市民社会和国家。其中，家庭是伦理的直接状态；市民社会是伦理之必要和被理解的状态，它代表着经济上的自由主义，在这个阶段，国家还只是被视为服务于个体需要的工具；真正意义上的国家是精神发展的最后一个环节，它是政治生活的有机统一体。用黑格尔的话说，"国家是伦理理念的现实性"[1]。在此，黑格尔的"现实性"并非指现实世界中真实发生的事情，而是伦理理念的抽象存在方式。在国家这个伦理理念发展的最后环节，道德精神一方面是一种敞开的、清晰的意志，

---

[1] Hegel, *Grundlinien der Philosophie des Rechts*, p.398.（后文出自同一著作的引文，将随之标出该著作名简称*GPR*和引文出处页码，不再另注）

同时还是一种求知的意志,唯其如此,它才能在经验世界完全实现自己,也就是说,它能够在一个民族的风俗习惯中直接展现出来;另一方面,道德精神还存在于每个人的自我意识,即存在于其知识和行为当中,每个人在国家中都能够享受到实体性的自由,因为他们都认识到国家就是其所作所为的本质、目的和产物。古代国家表现为尚未划分的、单纯的整体性,而现代国家虽然从外部来看是一个整体,但其内部已经出现了各种各样的差别,不同的个体均拥有自己的地位、权利和自由,那么如何在保障主观自由即个体自由的前提下组成一个政治国家?反过来说,如何避免主观的自由即个体的自由无限蔓延以至于冲破政治国家的界限,造成法国革命悲剧性的恐慌局面?这个紧迫的问题是大革命之后的法国,尤其是其主要设计者西耶斯所面临的现实问题,它也是黑格尔的"国家科学"首先需要解决的问题。卢梭主张将国家建立在意志之上,但黑格尔指出,卢梭和费希特构想的意志同样都是"特定形式的单个意志",彼此独立的意志基于某种公共性形成了所谓"公共意志",然而实际上后者无外乎是源于人的社会冲动和神圣的权威而已。循此,在一个国家里,人与人的结合变成了契约,支配它的因素是个人的随性、短见和不经意的认同,并给"自在而自为的神灵及其绝对权威和君主的尊严带来一种纯粹有意识的毁灭性后果"。因此，一方面，抽象的思想一旦被派上用场，就会导致有史以来第一次令人吃惊的场面：在摧毁了既有的一切制度之后，一个现实中的大国制度于人们的想象当中从头开始构建，并被赋予一种仅仅是在臆想中存在的合理性；另一方面，由于这些抽象的东西缺乏理念，它们将这场实验搞成了最恐怖和最残酷的事变①。尽管西耶斯欲以代议制代替卢梭的直接民主制，以经验领域的劳动分工为依据为代议制辩护，从类比和抽象的认识手段来解释代议制的功效与合法性，但是它所造成的后果却与卢梭无异。黑格尔希望借助于形而上学的方式解决这个问题：在认识活动中，我们将国家理解为一个自为存在（自我意识到的）的合乎理性之物，无论组成国家的单个人知道和愿意与否；其对立面——主观的意志、自由的主观性或者单个的意志只能被看作是推动国家形成的那个理性意志理念的一个环节，唯此设置才能使国家权力起到约束个人意志的作用。不难看出，黑格尔在这里直接批判了革命时期的法国政治制度，希望以理性来约束革命

---

① Hegel, *Grundlinien der Philosophie des Rechts*, pp.441-442.

激情导致的恐怖政治①。

按照黑格尔的逻辑学观念,作为合乎理性的概念,国家整体必须在其内部分化或区分出不同的权利和不同的活动,并且保障这些权利和活动能够毫无障碍地、自由地得到行使和进行。换言之,构成国家不同环节的各项权利和活动必须在形成自由的个体性的同时不能失去与国家这个整体的有机联系。然而,国家这一合乎理性的概念如何区分组成自身的抽象环节?非常有意思的是,黑格尔并没有直接引出英国意义上的立法权、行政权和司法权三权分立的原则。对于他而言,后者仅限于具体事物的层面,不属于哲学应当思考的对象。为了防止三种权利之间发生冲突而试图使三者相互制衡,在黑格尔看来,这就是人们出于对国家的恶意、不信任情绪而做出的非理智之举,黑格尔进而将孟德斯鸠基于权利制衡目的而奠定的三权分立思想称之为"贱民观点"(*GPR*, 434)。反之,假如从哲学上将三种权利理解为各自独立的环节,而非出自同一整体(国家)的分化,那么三者之间就会处在永无休止的斗争当中,其结果是

---

① 多数学者认为黑格尔的国家理念不指向任何一个当时现存的国家,详见Shlomo Avineri, *Hegel's Theory of the Modern State*, Cambridge: Cambridge University Press, 1994, p.177,但从这句话来看,我以为,它至少是在批判当时法国革命政府的基础上形成的。

要么国家整体走向解体,要么借助权利重建三者的统一。在这里,黑格尔又一次援引法国大革命的政治教训,指出导致其政治混乱局面的原因正在于此[1]。为了克服三权分立在现实层面上的上述弊病,黑格尔仍旧用形而上学,具体而言,要用他的逻辑学来解决问题。在其独特的逻辑学观念中,"概念"或者作为"概念"之现实性的"理念"包含了普遍性、特殊性和单一性三个逻辑环节。相应地,政治国家内部也有三种实体性的差别:1.立法权规定国家的普遍性;2.行政权将国家各种权利及活动置于普遍性之下;3.王权作为立法权与行政权的统一,是"最终的意志决断"(*GPR*, 435)。在黑格尔的逻辑学中,单一性是普遍性和特殊性的结合,简而言之,后两者在单一性中以否定之否定的方式结合在一起:普遍性否定自身显现出了自己的特殊性,特殊性否定自身显现出自己的普遍性,单一性作为纯粹的否定性构成了"纯粹概念"的整体,是普遍性和特殊性的出发点和归宿[2]。黑格尔赋予王权以逻辑上的单一性地位,它本身包含了国家制度和法律的普遍性、与之相联系的特殊性——咨议程序,以及作为自我规定的"最终

---

[1] Hegel, *Grundlinien der Philosophie des Rechts*, p.435.
[2] George Weilheim Hegel, *Wissenschaft der Logik, Werk 6*, pp.299-301.

决断"三个环节,王权经过了上述逻辑推理最终成为一种"富有灵魂的和活生生的原则"(*GPR*, 434)。于是,黑格尔修正或者说更新了法国大革命的政治原则,在"君主主权还是人民(民族)主权"的问题上选择了前者。此一推论无论从逻辑结构,还是从经验层面上都颇令人费解,伊波利特质疑道:"国家的理念为何只是在君主个人及其家族那里而非人民那里显现?"[1] 许斯勒甚至认为黑格尔在这里犯了一个"概念的谬误":先就逻辑方法而言,王权作为单一性环节应当出现在普遍性的立法权和特殊性的行政权之后,但是黑格尔打破了上述逻辑规则,将不同的权利集中在君主个人的同一性之上,王权因此成为"整体的顶峰和开端"[2]。为了扫除理解上的障碍,黑格尔说明了主权在国家这一合乎理性的概念整体当中的地位及其历史。他指出主权最初意味着立法权和行政权两个环节相互统一的普遍思想,它仅仅作为一种意识到自身的意志,或者是作为意志的主观性而存在的,这也只是抽象的、因而是无根据的意志赋予自身的规定,最后的决断恰恰落到了这个主观性的

---

[1] Jean Hyppolite, *Etudes sur Marx et Hegel*, Paris: Librairie Marcel Rivière et Ci, 1955, p.129.

[2] G.W.F.Hegel, *Grundlinien der Philosophie des Rechts*, Hrsg. v. Ludwig Siep, Berlin: Akademie Verlag, 1997, p.250.

头上。国家的普遍精神正是通过能够意识到自身存在的主观的个体因素才成为一个现实的事物。从国家概念到主观性、再到最后决断的意志，就是从普遍性到特殊性直至单一性的逻辑推理过程。随着国家制度向着更趋实在的合理性方向发展，包含在国家之内的三个环节各自发展出被它们自己所意识到的或者说是自为的、现实的特殊形态，于是，意志的主观性自然也就形成了单个的主体，其人格也就成了真实的个人即君主。普遍的精神或伦理出现为国家人格，国家人格再现身为君主个人，唯有如此，国家的概念即国家的理想性才最终与现实吻合从而成为真理；相反，家庭、同业公会、社会团体、自治团体无论如何合乎理性地发展，也只是在抽象的法律人格环节面前停滞不前。再就经验层面来说，与君主主权具有的神圣的自然法起源相比，黑格尔认为，人民主权建立在混乱的民族（das Volk）观念之上。一个民族只有对外享有独立地位、对内组成国家才称得上是人民（民族）主权，如大不列颠是人民主权，而英格兰、苏格兰、爱尔兰，威尼斯、热那亚和锡兰就非人民主权。在他看来，将君主主权和人民主权对立起来是非常荒唐的。尽管在国家之内我们可以说主权在于人民，但是如果没有君主就根本无所谓人民主权，"假如没有君主，缺乏一个将国家的每个成员出于必要而直接联结起来的纽带，那么民族就是一盘散沙，它便不再是国家，不再拥有那些只有在组成国家整体的任何民族那里才具有的规定——主权、政府、法庭、官僚等等"（GPR, 447）。因此，君主主权是国家合乎理性的发展的必然结果。黑格尔认为，在理性尚未使民族形成拥有发达形态的国家里，尤其是那些尚在实行贵族制和民族制的国家里，国家首脑的选择往往是出于特定事态的需要而做出的偶然之举，这样产生的首脑其决断也是事出偶然，而且往往要服从于或受自身之外的因素制约，例如，古希腊人将最终的决断系于神灵的告谕。相反，只有在国家理性强大到足以使构成其三个环节各自发展出属于自己的自由形态之时，君主即意志的自觉的最终决断才能取得自己的现实性，成为国家有机体的一个环节，进而成为一个具体的个人。可见，在发达的国家形态里，君主的决断并非来自在自身之上和自身之外的偶然因素，相反，它完全出于人类的内部和君主自己的意志，"只有被提升到为自己赢得超乎一切特殊性和制约之上的特殊地位的顶峰之时，这个最终的自我规定才进入了人类自由的领域，唯有如此，君主才能从概念上说是现实的"（GPR, 449）。君主概念不是从其他既有的东西那里推导出来的派生物，它是"直接从自己开始的概念"（GPR, 446），其中包含着自然的规定性，后者通过与生俱来的自然方式得到了保证，因此君主的尊严是自然的出生所赋予的。源出于自然的规定使君主成为没有根据的意志自身和没有根据的存在，造就了其不为任性所动的王者威严，在黑格尔看来，君主身上这一伟大的品质能够起到维护国家统一的作用，防止国家陷入个人或团体的利益之争中去[1]。

四、现实政治与主权归属

1831年11月14日，黑格尔于法国七月革命的尾声中死于柏林爆发的一场瘟疫。当他的学生和朋友——时在巴黎的甘斯在书信中欣喜若狂地将查理十世的四条敕令引发的又一轮法国革命盛况报告给他时，黑格尔不但没有表现出任何为之振奋的情绪，反倒是陷入了深深的焦虑和不安之中。在他看来，七月革命非但不能代表普遍精神的进步，而只不过是在40年后再一次重复了1789年革命所犯的一个同样致命的错误："单纯聚集在一起的个人无法形成一种能够承担政治和伦理权威的'普遍观点'，进而导致政府基于派系斗争造成的堕落

---

[1] Hegel, *Grundlinien der Philosophie des Rechts*, p.452.

后果。"[1] 他甚至担忧七月革命将会把整个世界带向崩溃的边缘。在生命的最后岁月里，在青年学生的心目当中，黑格尔成了跟不上政治形势的一位老人，甘斯代替他成了"现代理想主义的火炬"[2]。《法哲学原理》发表不久，冯·塔登就在一封致黑格尔的书信中称他为"御用哲学家"或者"哲学上的保皇主义者"[3]。就在黑格尔去世25年之后，一位曾经参加过德国大学生社团、后来成为俾斯麦支持者的鲁道夫·哈姆斥责了黑格尔在1819年夏天支持普鲁士政府迫害大学生社团的态度以及对其领袖人物弗里斯发起攻击的行为，这位主张德国民主和统一的作家以《法哲学原理》为依据，将黑格尔描述为政治复辟的倡导者和普鲁士君主制的辩护者[4]。第二次世界大战之后，卡尔·波普尔和悉尼·胡克延续了哈姆的批评方向，前者指出假如将黑格尔的"精神"和"理性"替换成"鲜血"和"种族"，那么

---

[1] Terry Pinkard, *Hegel: A Biography*, p.638.

[2] Terry Pinkard, *Hegel: A Biography*, p.656.

[3] „Thaden an Hegel, 8 Aug. 1821 ", In: *Briefe von und an Hegel*, Bd.2, Hrsg. v. Johannes Hoffmeister, Hamburg: Felix Meiner Verlag, 1955, p.279.

[4] Rudolf Haym, *Hegel und seine Zeit. Vorlesung über Entstehung, Entwicklung, Wesen und Werth der hegelsche Philosophie*, Berlin: Rudolph Zaertner, 1857, pp.363-364.

其政治倾向将与纳粹无异[1]；后者对黑格尔把战争视为民族伦理健康之必要手段的看法极为不满[2]。针对这一保守的官方哲学家形象，在黑格尔去世之后，甘斯就开始努力纠正人们对其思想的种种误解。自20世纪50年代以来，埃里克·韦依、吉约姆·利特尔和阿维纳里重新将黑格尔置于普鲁士王国的改革时代，以期从普鲁士改革支持者的立场来重新看待其法哲学在政治上的积极意义。韦依指出，除了马克思之外，生活在19世纪下半叶的所有作者都对黑格尔产生了种种误解和不公，原因在于他们混淆了各自心目中的普鲁士国家形象与黑格尔生活在其中并为之写作的那个真实的普鲁士国家。他们认为，与法国的复辟政府和1832年改革之前的英格兰以及梅特涅治下的奥地利相比，当时的普鲁士并非一个反动国家，而是一个进步的国家：就在《法哲学原理》出版当年，哈登堡制定了普鲁士未来的国民议会制度，黑格尔曾受普鲁士文化部长阿滕施坦因的召唤进入了这位改革家的圈子。两年后，威廉三世设立了代表民意的地方

---

[1] Karl Popper, *The Open Society and its Enemies,* vol.2, London: Routledge, 1945, p.63.

[2] Sidney Hook, *From Hegel to Marx. Studies in the Intellectual Development of Karl Marx*, Ann Arbor: The University of Michigan Press, 1962, 1ed. in 1950, p.56.

议会，而此时的英格兰议会尚未真正掌握在人民的手中。普鲁士的政治优势还表现在相对完备的行政体系方面，其西部省份保留了拿破仑帝国的政治制度，而且在其掌控的区域里推动了现代化进程[1]。在黑格尔去世后15年间，没有任何针对《法哲学原理》的批评声音，而这本书在1848年之后却突然成为众矢之的，其中的原因可谓是不言而喻[2]。利特尔进一步指出，普鲁士历史上真正反动的时期是在1830—1840年代，不能将这个时期与黑格尔开始在柏林大学讲述和撰写《法哲学原理》的1818年等同[3]。

1818—1819年间，普鲁士一方面受益于拿破仑战争的积极政治后果，切实推进了封建君主制向立宪君主制的改革，另一方面又要维护正常的国家秩序，防止类似德国大学生社团采取的激进革命行动。毋庸置疑，在此意义上，黑格尔的法哲学论述与普鲁士国家的现实政治需要之间存在着十分明显的共同点，韦依甚至认为黑

---

[1] Eric Weil, *Hegel et état*, 3éd.(1éd, 1950), Paris: J.Vrin, 1970, p.19.

[2] Eric Weil, *Hegel et état*, note 2, p.19. 最早指出黑格尔的国家概念同普鲁士现实政治状况不符的是卡尔·罗森克朗茨："黑格尔开始对普鲁士作为一个模范国家感兴趣，但作为哲学家，他却拥有另一个与普鲁士现实状况绝对不符的理想。"详见Karl Rosenkranz, *Hegel als deutscher Nationalphilosoph*, Leipzig: Verlag von Duncker& Humelot, 1870, p.149.

[3] Joachim Ritter, *Hegel und die französische Revolution*, p.50.

格尔希望借助于《法哲学原理》一书介入并且推动普鲁士合乎理性原则的民主改革[1]。然而,黑格尔试图综合旧制度与现代政治国家的思想努力同时也使该书出现了一系列前后不一或者矛盾之处,其中最为突出的莫过于"论王权"一节。人们普遍认为这些段落是《法哲学原理》中最薄弱的部分,武断、晦涩、可笑、矛盾重重,不能令人信服[2]。我们知道,逻辑体系、自然体系和精神体系是组成黑格尔哲学的三大体系,其中的精神体系又被划分为主观精神、客观精神和绝对精神。主观精神是专门破坏一切既有社会秩序的空无意志,又被称为自由精神;客观精神是一种渴望借助于营造"第二自然"的方式回归自身的精神;绝对精神是在诸多差异中认识到自己是同一个精神的精神。法哲学属于精神体系的第二个环节——客观精神。按照黑格尔的定义,"法就是自由意志的定在"(*GPR*, 80),法哲学探讨的是作为自由意志的精神在历史当中不断进行客观化的过程,它包括两方面的内容,一是关于法的概念科学,二是关于历史中形成的制度的概念科学,其主要的方法就是使

---

[1] Eric Weil, *Hegel et état*, p.23.
[2] Thom Brooks, *Hegel's Political Philosophy. A Systematic Reading of the Philosophy of Right*, Edinburgh: Edinburgh University Press, 2007, p.114.

欧洲历史中成长起来的法律文化在其思想前提上明确化[①]。无论是法还是作为"自由主体的自我反思"的道德，在黑格尔这里都是抽象的"理想环节"；而伦理则是法和道德概念成为现实事物的理念，是同时作为存在和反思、现实和概念的"理性的现实性"。因此，抽象的法和道德作为思维的中介扬弃自身使伦理呈现为整体和现实，这些伦理整体分别是家庭、市民社会和国家，后者处在历史的变化当中[②]。这一方法被阿兰·伍德称之为"思维决定"[③]方法，在马克思看来，其实质是将现实世界里发生的矛盾提升到思维世界里的概念加以解决，其结果不但未能解决现实的矛盾，反倒使人们趋向于唯灵论和形而上学的神秘主义。在阅读《法哲学原理》时，马克思既不了解1818—1821年普鲁士复杂的政治形势与黑格尔法哲学思想的共振，也不了解黑格尔对

[①] Ludwig Siep, „Vernuftsrecht und Rechtsgeschichte. Kontext und Konzept der *Grundlinien* in Blick auf die *Vorrede*", In: *Grundlinien der Philosophie des Rechts*, p.8.

[②] Otto Pöggeler, „Einleitung", In: G.W.F.Hegel, *Vorlesung über Naturrecht und Staatswissenschaft, Heidelberg 1817/18*, p.XXXII.

[③] Allen W. Wood, "Method and System in Hegel's Philosophy of Right", in *Hegel's Political Philosophy. On the Normative Significance of Method and System*, ed. Thom Brooks and Sebastian Stein, Oxford: Oxford University Press, 2017, pp.82-102.

王权的分析经过了一番仔细的修改。套用利特尔的话说，马克思是在1840年代与普鲁士现实的反动政策作斗争的过程中将黑格尔的哲学与普鲁士的落后政治等同起来[①]，认为前者正是德国的国家哲学和法哲学"最系统、最丰富和最终的表达"，对它的否定也就意味着否定"德国政治意识和法意识"（$MEGA^2$, I/2, 176;《全集》, 2/1, 204—205），唯有如此才能使德国在一个比英国革命和法国革命更高层次上完成革命的任务。在黑格尔通过"纯粹的概念"即逻辑形式把矛盾的双方统一起来的时候，马克思又将其置回到经验领域。他很快就发现，在黑格尔国家学所面临的诸多矛盾中，最为突出的莫过于市民社会与政治国家的矛盾。在《法哲学原理》第261节，黑格尔说："对私法和私人福利即对家庭和市民社会两个领域而言，一方面国家是外在必然性和它们的最高权力，二者的法律和利益均从属并依存于国家普遍的最终目的与个人特殊利益的统一，即个人对国家尽多少义务，同时也就享有多少权利。"（GPR, 407）首先，国家的"纯粹概念"是与自身的同一性，即逻辑上的普遍性环节；国家将自身区分为家庭和市民社会两个领域即普遍性否定自身显现为其特殊性；最后，家庭

[①] Joachim Ritter, *Hegel und die französische Revolution*, p.49.

与市民社会认同于国家权力意味着特殊性否定自身形成了作为单一性的有机体,纯粹概念由此得以实现,成了国家的理念。用黑格尔的术语来说,就是国家借助于概念的运动实现了自己的本质和存在。马克思曾经对黑格尔的逻辑学做过专门的研究①,他显然非常清楚市民社会与政治国家二者之间的逻辑过渡方式,但他评论道:"过渡不是从家庭等等的特殊本质以及国家的特殊本质中引申出来的,而是从必然性和自由的普遍关系中引申出来的。这完全是在逻辑学中所实现的那种从本质到概念领域的过渡。这种过渡在自然哲学中是从无机界到生命。永远是同样的一些范畴,它们时而为这一些领域,时而为另一些领域提供灵魂。问题只在于为各个具体的规定寻求相应的抽象规定。"($MEGA^2$, I/2, 10—11;《全》, 2/3, 13)"整个法哲学只不过是逻辑学的补充。"($MEGA^2$, I/2, 19,《全》, 2/3, 23)马克思抓住作为黑格尔法哲学灵魂的逻辑结构,拆解了后者所营造的、被黑格尔本人称之为"理性象形文字"(GPR, 449)的国家概念,从而使无法为国家理念完全包容的历

---

① "对这些逻辑范畴的运用值得我们进行完全专门的研究",详见 $MEGA^2$, I/2, p.11. 马克思私人藏书里有一册1840年出版的、由雷欧波德·冯·海宁编辑的黑格尔《哲学百科全书·第一部分"逻辑"》,书页边留有马克思本人的批注,详见$MEGA^2$, IV/32, p.315.

史内容呈现出了真实的面目①。首先，推动国家概念进行逻辑运动的是客观精神；反过来说，客观精神在国家环节上造就了一个自在而自为存在着的或者说是一个自由的有机体，国家的概念接下来又造就了家庭和市民社会两个同样享有自由的环节。黑格尔如此强调国家概念或者马克思所说的"理念"②的强大，乃出于其解释现代国家的需要。在他看来，现代国家区别于古代帝国的地方在于前者"不排除或不压抑现代的自由形式，而是将其整合起来"③。以集团形式出现的个人承担对国家的义务，于是，自由的法和"不自由的"义务被综合起来，这显示出黑格尔试图糅合封建义务制度与现代法治国家的努力，其结果是"个人的特殊利益表现为个人的牺牲"④，也就是说国家既让个人自由成为现实，又为其克服或超越私人性提供了可能。合乎理性的国家成了主体，而家庭和市民社会便成了客体。"精神"外化的种种形式变体诸如"概念""理念""必然性""内在

---

① Jean Hyppolitt, *Etudes sur Marx et Hegel*, p.120.
② 本文将黑格尔的术语"Idee"统一译为"理念"而非"观念"。
③ Oliver W. Lembcke, „Staat und Verfassung bei Hegel ", In: *Der Staat-eine Hieroglyphe der Vernunft. Staat und Gesellschate bei Georg Wilhelm Friedrich Hegel*, Hrsg.v. Walter Pauly, Baden-Baden: Nomos, 2009, p.117.
④ Bernard Bourgeois, „ Der Begriff des Staats ", In: *Grundlinien der Philosophie des Rechts*, p.233.

性""抽象的现实性""实体性"和"理想性"等等都成了主体（主语），而现实世界里的人、家庭和市民社会变成了谓语，"现实性没有被说成是现实性本身，而被说成是某种其他的现实性。普通经验没有把它本身的精神，而把异己的精神作为精神；另一方面，现实的理念也没有把从自身中发展起来的现实，而是把普通经验作为定在"（$MEGA^2$, I/2, 9;《全》, 2/3, 10）。在这里，马克思重拾了费尔巴哈在两年前（1841）出版的《基督教的本质》中提出的结论，即包括基督教在内的一切宗教是被异化为类的人的自我意识的表达，无限的爱、正义和怜悯这些被视为超验神灵的品质都是作为类的人的最高品质，它们却被赋予了神秘的最高本质。在马克思看来，黑格尔神秘的逻辑类似于宗教神灵的化身，将国家视为脱离了具体的人的精神产物，这是主谓倒置[①]。他敏锐地发现，这种主谓倒置造成的一个直接的、明显的而且严重的后果是政治国家与市民社会之间的分离和冲突。《法哲学原理》第262节说：

---

① 关于马克思所受费尔巴哈的影响，参看 Warren Breckman, *Marx, the Young Hegelians, and the Original of Radical Social Theory: Dethroning the Self*, Cambridge: Cambridge University Press, 2001, p.279.

现实的理念,精神,把自身分为自己概念的两个理想性的领域:家庭和市民社会,即分为自己的有限性的两个领域,目的是要从这两个领域的理想性而成为自为的无限的现实精神,于是这种精神便把自己的这种有限的现实性的材料,分配给上述两个领域,把所有的个人当做群体来分配,这样,对于单个人来说,这种分配就是情势、任性和本身使命的亲自选择为中介的。①

国家将以群体的形式将所有个人分派给自己的两个理想性领域,同时还要使得组成群体的个人葆有选择的自由。黑格尔想要说的可能是个人选择加入某一集团与国家分配他们到两个理想性领域同样是合乎理性的,即不受任何外在因素的制约因而是自由的行为,这样就避免了卢梭被人诟病的国家强迫个人自由的主张②。黑格尔鄙视卢梭,认为《社会契约论》作者提出的"公共意志"只是个人的任性而为,缺乏理性支撑的公共意志

---

① Hegel, *Grundlinien der Philosophie des Rechts*, p.410. 中译文引自黑格尔《法哲学原理》,范扬、张企泰译,北京:人民出版社,2017年,第300页。
② "假如有任何人拒绝服从公共意志,全体就应约束其就范,这无外乎是说强迫他自由",Jean-Jacques Rousseau, *Du contrat social*, pp.29-30.

最终会导致派系纷争和政治混乱。但是,现在这个问题又落到了他自己头上。黑格尔争辩道,个体在选择自己的归属时表现出来的"任性"(Willkür)本身就是理性的意志,但这似乎又与他拒绝承认人民主权的做法相矛盾。政治国家只有超越于市民社会之上,才能确保自己的主权,失去了市民社会这一基础,国家就蹈入了神秘的形而上学,正如马克思所说,"家庭和市民社会仿佛是黑暗的自然基础,从这一基础上燃起国家之光"($MEGA^2$, I/2, 7;《全》, 2/3, 9)。

在黑格尔的逻辑世界当中,国家的形象非常明晰。这个被颠倒的主体不仅有抽象的人格,而且它可以完整地实现自己,成为一个肉身的个人——君主。相反,家庭、共同体、社会和法人这些通常在我们看来是非常具体的事物,却被认为是无法成为现实的东西。按照黑格尔的说法,它们是不具备现实性的抽象概念,也不是与现实相互吻合的理念,它们只有抽象的人格,而不是活生生的个人[1]。马克思从费尔巴哈手中接过唯物论的旗帜,决意要揭开黑格尔国家神秘而虚幻的面纱,寻找真正的主体。横亘在这条道路上的第一个障碍就是君主。在黑格尔的政治国家概念中,成为个人和肉身的君主是

---

[1] Hegel, *Grundlinien der Philosophie des Rechts*, p.445.

介于立法权和行政权的王权寻求自我实现的结果，因此作为逻辑中介的王权兼有三个环节的统一：1.普遍性环节的立法权。王权肩负着统一国家各项权利的重任，它既要保证后者得到自由地实施，又要限定其运用的范围，以便能够在理想性的推动下形成一个国家有机整体；2.特殊环节的行政权。被选拔出来的特殊的个人接受君主的任命成为官员来执行各项职能，但是任用官员的标准仅仅涉及这些人的抽象人格，而非私人；3.作为单一性环节的王权是国家各项特殊职能和权利的根源，它化身为"赋有灵魂的和活生生的"君主个人。国家人格为何会化身为君主个人而不是组成国家的每一个个人？黑格尔解释道，"主观性在其真理中只能是主体，人格在其真理中也只能是个人"（*GPR*, 444）。这句话本意是主权的主观性只有借助于主体才能成为现实，人格只有借助于个人才能成为现实，但马克思将其主谓语翻转过来，拆解了黑格尔的人格神话：1."主观性是主体的规定，人格是人的规定"，主权的化身不应是一个主体即君主个人，而是许多人、许多主体，"任何单个的人都不能把人格的整个领域容纳于自身，任何单个的主体都不能把主观性的整个领域容纳于自身"（*MEGA²*, I/3, 25;《全》2/3, 32）；2.人格不是精神的产物或抽象概念，"人格脱离了人，当然只是一个抽象，但也只有在自己的类存在中,只有作为人们,才是现实的理念"(*MEGA²*, I/3, 28;《全》2/3, 36)。根据费尔巴哈的说法,人不是孤立存在的个人,他在与其他个人进行交往中思考自己的本质,因此人的本质区别于动物是人类本质,人类的所有知识均以其社会性为尺度,理性不过是类意识的产物[1]。马克思以费尔巴哈的类本质改造了黑格尔的人格主义,将"现实的人"重新放回到主体的地位上,恢复了政治国家的理性所掩盖的市民社会的主体性。所谓法人、社会团体、区乡组织和家庭不过是"类形式",现实的人借助于它们"实现了他的现实内容,使自己客体化,抛弃'人'本身的抽象"(*MEGA²*, I/3, 28;《全》, 2/3, 37)。沃伦·布雷克曼认为,与费尔巴哈相比,马克思赋予社会和历史因素以更大的优先性可能反映了他对19世纪早期法国社会主义著作的阅读[2],而我认为这更多地应该归功于马克思对西耶斯的阅读,后者在表述废除国王否决权的理由时,围绕着国王个人的特殊意志与人民的公共意志之间的矛盾,也就是围绕着君主主权与人民主权的冲突展开问题,西耶斯所说的

---

[1] Ludwig Feuerbach, *Das Wesendes Christentums*, bearbeitet v. Werner Schuffenhauer u. Wolfgang Harich, Berlin: Akademie Verlag, 2006, p.28.
[2] Warren Breckman, *Marx, the Young Hegelians, and the Original of Radical Social Theory*, p.288.

君主个人意志就是黑格尔的主权概念中除了君主人格之外的另一种现实性——最终决断的自我规定。马克思注意到黑格尔在《法哲学原理》第12节对意志的种种规定：在面临许许多多的冲动时，人作为理性的主体完全不能像动物那样成为被冲动支配的奴隶，也就是说，人是完全不能被后者确定的存在，恰恰相反，他天然地能够掌控这些冲动，并将其确立和设置成为"我"自己的冲动。在普遍性的意志当中充满了这些特殊的冲动，这一个接一个的冲动既是"我"的冲动，同时又是普遍的和不确定的，其中包含了能够满足这些冲动的种种对象和不同方式。遵循黑格尔的逻辑学，普遍性的意志要成为现实的意志就必须赋予自己单一性的形式即个人，这就是意志的决定①。当黑格尔说主权是"作为意志具有的一种抽象的以致无根据的、能做出最后决断的自我规定"时，这意味着普遍意志经过特殊意志（诸多不确定的冲动）最终过渡到了单一的意志；平行于这一逻辑上的过渡，主权由抽象的国家人格过渡到了君主个人。问题是为什么黑格尔说主权的决断是"无根据的"？应当特别引起我们注意的是，当马克思认为黑格尔的"任意是王权""王权就是任意"（*MEGA²*, I/3,

---

① Hegel, *Grundlinien der Philosophie des Rechts*, p.63.

21；《全》，2/3，28）时，这里存在着一个明显的误解。黑格尔说王权的决断是"无根据的"（grundlos），后者并非等同于"任意的"（willkürlich），尽管这两个德文词汇都有"任性""任意"和"无端地"等等类似的含义。在《法哲学原理》中，作者有意对二者做了明确的区分。"无根据的意志"仅是对君主的规定，而"任意的"意志则永远属于个人、私人、群体、盲众、贱民等等，它是《法哲学原理》全书中出现频率最高的词汇之一。"无根据的"和"任意的"是意志概念在不同运动环节之上的不同规定性，其逻辑运动的过程可以简单表述如下：1.普遍性的意志是纯粹的不确定性或纯粹的自我反思。主观的意志破坏一切对天性、需求、欲望和冲动做出的任何限制，是一种纯粹否定因而是空无的意志；2.普遍性的意志区分、确定和设置自身的内容和对象（诸多冲动及满足它们的对象），使自己成为被规定的普遍性意志——特殊意志；3.特殊意志借助自我反思并通过它返回到普遍性的意志，最后形成了单一性的意志[1]。在上述第2个环节上，普遍性（理性）的意志超脱于各种冲动、需求和欲望以及满足这些冲动、需求和欲望对象之上而不为它们所动；反过来，这些意志

---

[1] Hegel, *Grundlinien der Philosophie des Rechts*, pp.44.

的内容和对象对普遍性的意志即一个纯粹反思的"我"来说呈现出了种种的可能性，此时在意志自由中就出现了偶然性，即任意[1]。可见，任意并非真正的自由，反倒是自由的矛盾，其中的原因是：面对眼前的（意志）内容和对象，"我"的选择受制于"情势、任意和自我规定（自主性）"，因而是不自由的，正如黑格尔在谈到政治国家里的个人如何加入各个集团时所说的那样。换言之，这些意志内容和对象并非"我"出自自己意志的自然（Natur）选择，"我"的选择反倒因受到它们的羁绊而不自由，其不自由的状态还表现在即便是个人做出了自己的决断，但普遍性的意志也会扬弃它，因为对任意之举来说，任何可能性都存在，无论个人决断如何任性，意志都逃不出不确定、不决断和抽象的环节；最后，任意的矛盾还会导致冲突：一方需要的满足会导致对另一方的压迫和牺牲[2]。我们看到，黑格尔对意志的规定绝非局限于纯粹的思辨领域，而是对现实政治的反思。法国大革命中的社会混乱就是普遍意志即单纯希求摧毁一切社会秩序的否定意志所为[3]；意志无休止的

---

[1] Hegel, *Grundlinien der Philosophie des Rechts*, p.66.

[2] Hegel, *Grundlinien der Philosophie des Rechts*, p.68.

[3] Hegel, *Grundlinien der Philosophie des Rechts*, p.52.

决断正是导致革命时期政府不断更迭的原因；而任意的矛盾引起的社会纷争直指缺乏理性支撑的卢梭主义及其在大革命时期产生的恶果。既然普遍意志、任意都不是真正的自由，那么真正的自由如何才能现实？摆脱意志的内容和对象的束缚，按照理性的原则行动，把自由本身当做意志追求的内容和目的，由作为意志的单一性环节出现的个人做出最后的决断，这个人就是君主。不受地位（因为它天生就是君主）、特殊利益（因为它凌驾于国家各项职能和权利之上）等等外在因素的制约，因而他的意志决断是真正自由的、"无根据的"。在合乎理性的国家制度下，君主无根据的意志决断既与个人以及由个人单纯聚集起来的群体意志的任意性形成了对比，而且与专制下为所欲为的君主不可同日而语。国家制度和法律的普遍性是君主的基本原则，经过政府的咨议环节，对个别事物在形式上的最后决断落在了君主个人身上："他必须说：我意愿如此；这是个体最后的决断环节；这一最终的确定性本质上落到了一个直接的数字一上，即单纯的自我决断。"[①] 君主的决断之所以是形式上的，乃因为其仅仅拥有主观性和偶然性，而决断

---

① Georg Wilhelm Friedrich Hegel, *Vorlesungen über Naturrecht und Staatswissenschaft, Heidelberg 1817/1818*, p.201.

成为理性所依赖的客观性、内容以及法律和智慧依据则是由政府经由与各个社会领域的商议提供,君主本人并不对政府的行为负责。当政府官员将行动的客观性、根据和对具体事务的知识呈现在君主面前时,后者可以按照以上根据做出决断或者不做决断,"意志可以随意地做出决断,然而在国家的政治安排中,理性的东西必须发生"。就在君主做出最后的、形式意义上的决断那一刻,其意志的主观性、任意性和偶然性被国家意志的客观性和必然性所扬弃,也就是说通过"特殊的教育",君主能够超脱中间等级的特殊利益及其傲慢、自负、嫉妒、仇恨等等一切私人情感之上选择最有利于国家的行动方式。在这里,旧制度下的最高统治者降格为人民的最高代表,他既非在西耶斯那里由人民委托、选举和供养的最高国家官员,亦非与人民处于卢梭式的契约关系,而是在基于种种特殊的根据和反根据做出的决断及其导致的政治纷争之上,以"我意愿"的方式终结了种种无休止的个别决断,也就是说君主只有置身于市民社会中"人与人战争"的现实之外进行最后的决断,唯有如此才能使国家免于革命和纷争的困扰,"在经由国家合乎理性和固定的组织而形成的制度当中,君主的个体性无足轻重,制度正是在君王人格的无意指(义)

性中获得了力量和理性"①，黑格尔接着说，"我们君王的所有作为无非就是签下自己的名字而已"（*VNSH*, 203）。以上对君主个体在政治国家中的地位和职能的描述出自黑格尔于1817/1818年冬季在海德堡大学的法哲学讲义。慑于1819年8月出台的"卡尔斯巴登命令"，黑格尔在1820年10月正式出版的《法哲学原理》中删去了这段文字②。两年之后，也就是在1819/1820年冬季于柏林大学讲授的同一门课程讲义中，他将君主的作用描述为一个说"是"并将重点设置在一个大写的"I"之上，但其性格却不指示（Bedeutende）任何内容③。句中的"I"显然是内在性"InnerlichkeIt"的首字母，同样是在1817/1818年冬季学期的课堂上，黑格尔曾说，君主的"最后决断在国家中是外在的；在道德中它却是内在的，是良心，它根据最佳的观点做出决断，因而它是内

---

① Georg Wilhelm Friedrich Hegel, *Vorlesungen über Naturrecht und Staatswissenschaft, Heidelberg 1817/1818*, p.202.（后文出自同一著作的引文，将随之标出该著作名简称*VNSH*和引文出处页码，不再另注）

② G.W.F.Hegel, *Naturrecht und Staatswissenschaft in Grundrisse. Zum Gebrauch für seine Vorlesung*, Berlin: Nicolaische Buchhandlung, 1821, § 280, pp.290-291.

③ G.W.F.Hegel, *Phiosophie des Rechts. Nach der Vorlesungsnachschrift von H.G.Hotho 1822/1823*, In: G.W.F.Hegel, *Vorlesung über Rechtsphiosophie 1818-1831*, Bd.3, Edition und Kommentar v. Karl-Heinz Ilting, Stuttgart: Friedrich Frommann Verlag, 1973, p.764.

在性的点"（*VNSH*, 201）。基于上述分析，我以为，在黑格尔的国家概念中，君主与其说是最高统治者和最高的民族代表，不如说他就是将制度和法的普遍性与自由意志的最后决断结合于一身的"这一个"，简而言之，君主就是国家理性塑造的最理想也是最崇高和威严的个人。然而，这个理想的个人由于本身表现为简单和直接的单一性，加之生而为君的自然性，又是一个被抽去了任何其他内容的个人[1]。君主地位的双重性在于他既是国家的"第一"或最高的权利与政府的根源，又是一个地位最低下的、纯粹空洞的个人。当黑格尔从上述观点出发诋毁普鲁士国王弗里德里希·威廉三世时，后者反驳说，"假如国王就是不设置这个（内在性的）点，那又如何"？罗森茨威格评论道，"此时教授感到自己完全被国王理解了"，在这位著名的黑格尔学者眼中，君主一方面体现了国家自由和富有活力的本质，另一方面体现了其形式、法和规则，这两个相互影响的方面构成了黑格尔的君主形象[2]。

在黑格尔看来，君主决断的自由即无根据性，以

---

[1] G.W.F.Hegel, *Phiosophie des Rechts. Nach der Vorlesungsnachschrift von H.G.Hotho 1822/1823*, p.762.

[2] Franz Rosenzweig, *Hegel und Staat*, Müchen: R.Oldenbourg Verlag, Bd.2, 1920, pp.141-142.

及由世袭继承权保障的其存在的无根据性造就了君主的威严和崇高，使其天然超越了群体的任意、目的和观点之上从而体现了国家的真正统一。在《法哲学原理》第281节，黑格尔补充道，君主的存在并非出自对国家和人民福祉的考虑，即他不是通过因果关系的推论和人民的选举而被制造出来的，相反，君主存在的无根据性就直接包含在国家的抽象理念当中（*GPR*, 452）。恰恰是在这里，在黑格尔认为以君主的存在和决断的无根据性很好地化解了政治国家和市民社会之冲突的地方，马克思看到了导致现代国家之无根基性的根源。基于对法国大革命政治后果的忧虑，黑格尔反对西耶斯从外在的功利主义角度将国王塑造为"民族的首脑"和"国家第一公民"即最高国家官员的做法。西耶斯借助于1789年奠定的宪法原则摧毁了法国的君主制，20年后当他将拿破仑推上皇位时，却没有为其提供一个合乎法理的基础。西耶斯没有做到的这一点黑格尔却做到了，假如说他以这种形而上学的方式拒绝了西耶斯在1789年对君主制所持的立场，那么马克思则借批判其君主主权的无根据性方式又回到了西耶斯缔造的人民（民族）主权原则。费尔巴哈的类本质思想仅仅为马克思提供了其用以拆解黑格尔君主人格的工具①，而他用来批判君主主权的工具则来自西耶斯：

> 如果君王，就其代表人民统一体来说，是主宰，那么他本人只是人民主权的代表，象征。人民主权不是凭借君王产生的，君王倒是凭借人民主权产生的。（$MEGA^2$, I/3, 29；《全》，2/3, 39）

在黑格尔笔下，人民是任意而为的私人、没有定型的盲众和囿于庸俗见解的贱民。在政治国家中，他们只能由家庭、自治团体和同业公会这些抽象人格来代表因而失去了肉身，真正的肉身只有一个，那就是君主。在西耶斯那里构成整个民族的第三等级即人民被划分为积极公民和消极公民，只有受过教育且拥有政治智慧和能力的人才成为国家官员。尽管如此，同时代人眼中的西耶斯却是一个非常仇视人类的人，就连欧斯勒，他的德国崇拜者和翻译者，也是黑格尔的朋友也说"没有再比他更自私的人了，他把人心看得太轻，头脑里漂浮着各种各样模糊的理念，他的傲慢膨胀成了一个模糊理想

---

① 马克思和费尔巴哈从未谋面，后者明确拒绝过马克思的合作请求，详见Jonathan Sperber, *Karl Marx. Sein Leben und sein Jahrhundert*, p.77.

的气泡"①。但是，此刻马克思笔下的人民却是在政治上无差别的公民全体，他们构成了一切政治国家的主权基础，"只有人民才是具体的东西"（*MEGA*², I/3, 29；《全》, 2/3, 38），无论是君主制、共和制还是民主制，在这些国家里，"政治的人同非政治的人即同私人一样都具有自己的特殊存在"（*MEGA*², I/3, 31；《全》, 2/3, 40）。马克思采用黑格尔的逻辑范畴颠覆了黑格尔的逻辑结论，政治国家或国家制度这个普遍性环节被降格为特殊的环节，它仅仅是市民社会的自我规定，是市民社会的组织方式、存在方式和内容而已。像拆解君主人格及其主权的逻辑结构一样，马克思就这样拆解了黑格尔的政治国家本身：

> 在真正的民主制中政治国家就消失了……因为在民主制中，政治国家作为政治国家，作为国家制度，已经不再被认为是整体了。（*MEGA*², I/3, 28；《全》, 2/3, 37）

---

① Cité par Jean-Denis Bredin, *Sieyès. La clé de la révolution française*, p.532.

五、谁是普遍阶级？

黑格尔认为在家庭之外市民社会构成了国家的第二基础。在《法哲学原理》中，市民社会被划分为三个不同的等级：

1.实体性等级，即土地贵族和普通农民，由于其财富源于自然的赐予，它不需要付出太多的反思能力和意志；

2.产业等级，即从事加工制作，它需要运用思考和理智在他人劳动的基础上获得自己的财富；

3.普遍等级，即以社会的普遍利益为职业，它不直接从事劳动却应当被国家给予财富和待遇[1]。最后一个等级就是介于国家和市民社会之间的中间等级，它将国家的普遍利益和法律因素稳固地竖立在国家的各项特殊权利之中，同时能够使这些特殊权利与国家的普遍利益和法取得统一，这个等级就是由政府官员和国家官吏共同组成的官僚等级。他们之所以在黑格尔看来是普遍等级的原因在于，首先他们是君主委托以行政权的"全权代表"；其次，无论君主对官员的任命，还是他们所承

---

[1] Hegel, *Grundlinien der Philosophie des Rechts*, p.334.

担的行政事务都与其私人人格和出生没有任何联系,相反,自身拥有的知识和才能是其获得选拔的唯一凭证;最后,国家为他们提供生活所需,保证他们能够独立办事,奉公守法。黑格尔认为官僚等级作为中间等级是"国家在法和知识方面的主要支柱"[①]。然而,就在黑格尔认为官僚等级作为一个普遍等级弥合了政治国家与市民社会之间的距离之时,马克思恰恰在这里看到了二者相互分离的基础。官僚等级直接接触的等级首先是君主,他们必须面临后者的亲自挑选,其次是要联系区乡组织、自治团体和同业公会,但拥有特殊利益的个人这个构成市民社会最根本现实的东西却因为不具备"国家个体"和"国家品质"而被排除在国家的政治生活之外,因此,马克思指出,以官僚政治作为中介来统一政治国家和市民社会的做法只是一种在抽象的概念层面停滞不前的"国家形式主义"($MEGA^2$, I/3, 50;《全》, 2/3, 59)。在谈及官僚政治具有的国家精神的来源时,黑格尔说:"同业公会在维持自己的特殊利益的合法性时所形成的精神同时转化成了国家精神,因为前者能够将国家用作实现自己特殊目的的手段。"(GPR, 458)马克思熟练地运用黑格尔的逻辑方法揭示了上述命题中

---

① Hegel, *Grundlinien der Philosophie des Rechts*, pp.291ff.

隐藏的一个悖论：按照正常的逻辑推演，官僚政治是普遍环节，同业公会是特殊环节，官僚等级是单一环节，以后者为中介，官僚政治否定自身成为受限定的普遍性——同业公会，同业公会否定自身成为受限定的特殊性——官僚政治，二者在官僚等级这个环节达到了统一，于是国家精神成了现实。然而，黑格尔在这里显然预设了官僚政治与同业公会的同构关系，将二者均视为普遍环节，这样一来，同业公会就丧失了其特殊性，这与黑格尔对其定性，即它是"国家中一个特殊的、封闭的社团"相悖。可见，同业公会的普遍性即作为国家精神来源的公共性就是官僚政治想象出来的东西，既然同业公会的普遍性是想象之物，那么与之连同在一起的官僚政治也是"各种实际的幻想的网状物，或者说'国家的幻象'"，马克思甚至指斥其为国家神学（$MEGA^2$, I/3, 50;《全》, 2/3, 59）。上述逻辑归谬并非没有现实意义。在现实生活中，市民社会、官僚政治和同业公会常常处于不断的冲突之中：成熟的、理性的市民社会会起身反对同业公会，发展完备的同业公会也会反过来攻击官僚政治，官僚政治为了完成国家赋予自己的职责，既要反对又要保护同业公会。果真如此，官僚政治就会彻底失去其效用。就官僚等级自身而言，这个在理念层面被设计为将普遍的公共利益视为自己的特殊利益予以追求的等级实际上常常将其特殊利益置于公共利益之上，它要么单纯地追求一己的物质生活，要么单纯追求"创造一切，就是说，他把意志推崇为始因"（*MEGA²*, I/3, 51;《全》, 2/3, 61）。马克思在这里显然指的是法国大革命中的罗伯斯庇尔，在1844年7月发表的一篇文章中，马克思曾经严厉地指责前者"相信意志是万能的"，"分不清意志的自然界限和精神界限"（*MEGA²*, I/3, 107;《全》, 2/3, 387）。

自耶拿时期始，黑格尔一直在尝试寻找一个能够实现国家精神和伦理的普遍等级：它既是一个特殊的等级又是一个社会的等级，既代表自身又能兼顾共同的利益。首先进入黑格尔视野的是警察、学者和士兵等级，它们的特殊利益与国家的普遍利益紧密融合在一起，因而获得了普遍等级的殊荣[①]。在《精神现象学》（1806）中，贵族意识被提升到了普遍意识的地位，它将国家权力和财富视为与自己相同的东西，它在公共权利中拥有并找到了自己的本质及其确证，意识到国家权力这个普遍的实体就是"自己的本质、目的和绝对的内

[①] G.W.F. Hegel, *Jenaer Systementwürfe III. Naturphilosophie und Philosophie des Geistes,* Neu herausgegeben von Rolf-Peter Horstmann, Hamburg: Felix Meiner Verlag, 1987, pp.247-252.

容"。它"积极地对待前者,消极地对待私人的目的、特殊的内容和定在,并令其消失",黑格尔把贵族的品质称之为"乐于奉献的英雄主义即美德",后者将贵族塑造成一种甘愿为普遍的存在牺牲自己单个存在的"人格",他们可以"拒绝自己的财产和享受,为维护既有的(公)权利而行动,是国家权力所倚重的东西"[1]。他们可以为国家付出自己的生命,应当也能够承担普遍阶级的使命。阿维纳里猜测在耶拿时期的《现实哲学》中没有出现贵族的原因"可能是法国经验直接影响黑格尔的一个后果",并认为贵族是在1820年代才出现在黑格尔的著作当中[2]。相反,在几乎是同一时期撰写的《精神现象学》中,贵族以普遍等级的面目出现恰恰是对法国大革命"群氓政治"的批评和纠正。由于受到拿破仑和普鲁士改革者的影响,贵族的普遍等级地位才在《法哲学原理》中被现代国家的官僚等级所取代[3]。

官僚等级由政府官员和国家官吏组成,它介于最后决断环节的君主与国家各个特殊领域(区乡组织、自治团体和同业公会)之间,是行政权的全权代表。官僚

---

[1] G.W.F.Hegel, *Phänomenologie des Geistes, Werke 3*, Frankfurt: Suhrkamp Verlage, pp.372-374.

[2] Shlomo Avineri, *Hegel's Theory of the Modern State*, p.156.

[3] Jean Hyppolite, *Etudes sur Marx et Hegel*, p.134.

等级之所以是普遍等级,是因为在黑格尔的国家概念中,它能够深入而全面地了解国家的整体及其各个方面的需要。"将普遍的国家精神作为其基本行为的目的"(GPR, 473)是其自我规定或使命。在《法哲学原理》第300节中,作者按照我们已经熟知的逻辑将立法权划分为三个不同的环节:1.作为最高决断环节的君主权;2.作为咨议环节的行政权;3.等级因素。君主权是立法权的对象即法律和公共事务的普遍方面,国家高级官员将他们对"国家设施和需要的深刻而全面的了解"即法律和国家事务的客观方面上达君主。等级因素作为中介是前两个环节的统一,是自在和自为地存在的法律和公共事务,立法权的概念至此得以成为现实[1]。黑格尔对立法权中的等级因素作了详细的规定。普遍等级即官僚等级是行政权的全权代表,它非但不能像法国1791年宪法那样依据立法权和行政权分离的原则被排除在制宪会议之外,反倒应当根据普遍等级的自我规定性成为立法权的一个必要环节。与普遍等级在立法权中直接拥有的政治等级地位相对,私人等级只能以其现有的(社会)等级面目出现在立法权中,并从中取得"政治意义和政治效果"。在政治国家中,私人等级既非"单一的不可分割

---

[1] Hegel, *Grundlinien der Philosophie des Rechts*, p.291.

的整体，也非分解为原子的个人"（GPR, 473）。在这里，我们再一次听到了黑格尔对西耶斯和法国大革命原则尖锐的批评声音。"第三等级就是一切"，这个高亢的声音从具有政治宣言性质的《第三等级是什么？》一书中传了出来，并响彻了1789年的法兰西天空：第三等级要求排除贵族和教士两个特权等级成为一个普遍的社会等级，要求单独组成民族整体，缺少了贵族等级的民族变成了第三等级独享的政治共同体。然而，这究竟是一个怎样的民族？它难道就是"由源自公民教育的爱国心联结起来的、由知识、技术和风俗造就的小资产者的民族吗"[①]？尽管西耶斯以是否受过教育和是否具有政治智慧为尺度区分了同在一个民族共同体中的积极公民和消极公民，然而这种区分终究是基于第三等级内部的区分，它改变不了整个民族的同质性结构，分离的双方组成的仍旧是一个不可分割的民族整体。然而，在黑格尔的政治国家中，曾经作为普遍等级的第三等级分裂为两个异质的方面：一个是"建立在实体性关系基础之上的等级"即土地贵族和农民等级；另一个则是"建立在特殊需要以及为满足这些特殊需要而付出的劳动基础之上（产业——笔者注）等级"（GPR, 473），二者共同

[①] Jean-Denis Bredin, *Sieyès. La clé de la révolution française*, p.547.

构成了"市民社会"的两个方面。君主和官僚基于它们所代表的普遍利益各自被赋予了独特的政治等级地位，相反，构成市民社会的两个等级则因为是基于特殊利益的"私人等级"而仅仅具有政治意义和政治效能。在立法权中，前两个等级即君主和官僚以独立的逻辑环节即政治等级的面目出现，第三等级（私人等级）则只能以协会、自治团体和同业公会这样的集团形式作为"等级因素"成为立法权整体的一个补充环节。孟德斯鸠有关荣誉在封建社会乃贵族生存原则的说法给黑格尔留下了深刻的印象，在《法哲学原理》的政治国家构想当中，在市民社会诸等级中，有教养的土地贵族拥有特殊的地位。尽管它不再被认为是普遍等级，但是它与农民组成的实体等级依然享有比产业等级更高的政治地位。黑格尔赋予实体等级以如此特殊的地位缘于这一等级"财产的无依赖性"。具体来说，土地贵族和农民的财产以土地为基础，无需仰赖行政权（政府）和众人的恩惠，它甚至由于受制于长子继承权的约束，不能自由地处置自己的私有财产；它的生活以家庭为基础、奉行的是自然伦理。实体性等级的上述特征确保了其在政治国家中的政治地位和政治意义，换言之，财产的独立性使其在参与国家公共事务时不为身外的利益所动，其独立的意志本身构成了普遍的政治关系即国家精神。同时，由于实体性等级生来就具有政治地位和政治意义，而非凭借其私有财产的多寡，这也使其等级原则中包含了作为国家精神之化身的王权因素，因此贵族和农民等级既有资格也有权利肩负国家的政治使命，服务于大家的共同利益（*GPR*, 474—475），以上是实体性等级所拥有的普遍性的一部分，其另一部分则与产业等级"具有同样的需要和权利"（*GPR*, 476），这是其作为私人等级的一个方面。产业等级由于其"经营和利润的不稳定"及其"财产的流动性"或者说由于其追逐私利的目标而构成了市民社会中"流动的一面"（*GPR*, 476）。黑格尔说，相对于王权或君主制原则这一纯粹普遍性的极端，产业等级是"经验普遍性的另一极端"，它既包含与普遍性"相一致的可能性"，又包含了与普遍性相"敌对的可能性"（*GPR*, 473）。这些可能性的存在一方面彰显了身处市民社会当中、拥有特殊利益的个体出于任意或偶然而做出的"自由"选择；另一方面受私利驱动的个体由于与意志的自然以及作为最终的无根据意志的（自然）决断（君主主权）相悖，因而成了普遍的意志自由的羁绊。为了消除个体选择的偶然性和非理性，弥合普遍意志和特殊意志之间潜在的冲突，黑格尔在国家的概念中将市民社会在政治上的等级要素（私人等级）定位为中介，"只有在其中介作用得以实现之时，它的抽象地位才能够成为合乎理性的关系"（*GPR*, 474）。这样的设计一方面保留在面对集团和国家时个人在选择上的自由，另一方面又涤除了特殊利益的偶然性和非理性，唯有如此才能确保普遍意志的自由即国家理性真正成为现实。

在黑格尔看来，很多单个的人单纯聚在一起形成的众人，即通常意义上的"人民"既非显现为西耶斯式的、同质化的第三等级单独组成的民族整体，也非在家庭和市民社会中早已消失的"许多原子式的群体"。这位国家法学家眼中的人民"只是散乱的群体，其运动和行为仅仅是零散的、无理的、野蛮的和恐怖的"（*GPR*, 473）。然而，"国家本质上是由这样一些成员构成的一个有机组织，他们有意地形成了自己的圈子或集团（Kreise），在这些圈子或集团当中没有任何东西显现为无机群体的环节"（*GPR*, 474）。市民社会中单个的人只能以其本来的面目出现在政治国家当中，即出现为他们自愿加入的各种协会、自治团体和同业公会，它们构成了立法权中的等级要素这一环节。众人或人民通过这些集团在其个人与个人之间、在集团与集团之间，也在各个集团与国家之间建立了政治联系。集团赋予其成员——单个的人——以双重的规定性：一是其私人人格，二是其体现普遍意识和意愿的公共人格，个人在政治国家中既是私人又是公民的双重身份。在此，黑格尔又一次熟练地运用了其逻辑学方式，将市民社会中的个人视为介于作为普遍性环节的国家理性和作为特殊性环节的私人意愿之间的单一性环节，他是充实着特殊意愿并焕发出勃勃生机的普遍意志，这个特殊的等级和规定体现了国家理性的现实性。基于信任原则，按照个人之"本来面目"选派出来的、具有处理普遍事物所需的知识、品质和意志的议员自然也更具备上述双重人格：他们虽然来自某一个自治团体和同业公会，但"他们不会为某一自治团体和同业公会的特殊利益而反对普遍利益，相反，他们使普遍利益获得效力"（GPR, 478）。

在立法权诸环节当中，等级要素的规定在于普遍事物或国家理性通过它获得自在和自为地存在，它能够避免市民社会与政治国家之间产生分离，相反，马克思在这里看到的恰恰是二者在现实中日益分离的状况及其导致的政治国家自身的消失。首先，等级要素与国家的普遍事务是分离的。一方面，代表特殊知识和意志的等级要素与国家相对立；另一方面，国家的概念要求构成等级要素即市民社会的众人时时刻刻都要有意识地将普遍事务视为自己的事务和公众意识的对象，在黑格尔看来，这一公众意识只不过是"多数人观点和思想的经验普遍性"而已。换句话说，普遍的国家事务归君主及其委任的官僚等级来管理，国家的高级官吏熟知人民的需要，他们甚至在没有等级要素存在的情况下依然能够把事情处理好；由各等级成员构成的人民既不知道自己的需要，也没有服务于公共利益的意志。因此，等级要素或市民社会只不过是普遍事务的主观的形式自由环节，后者徒有形式而没有现实的内容，马克思说：

> 普遍事务是现成的，然而不会是人民的现实的事务。人民的现实的事务是在没有人民行动的情况下实现的。等级要素是作为人民的事务的国家事务的虚幻存在。（$MEGA^2$, I/3, 66;《全》, 2/3, 78—79）

王权和官僚等级从形式上垄断了等级要素，人民的利益沦为了空洞的形式。在此意义上，马克思宣称"等级要素是市民社会的政治幻想"（$MEGA^2$, I/3, 66;《全》, 2/3, 79），是"立宪国家批准的谎言"（$MEGA^2$, I/3, 69;《全》, 2/3, 82）。其次，等级要素是国家与市民社会分离状况的表征。黑格尔的国家概念要求私人等级以其本来面目出现在政治国家当中，马克思指出，进入政治国家的私人等级并非其本来的面目，没有获得像君主和官僚所享有的政治等级和地位，相反，它只有在保存和废除自身的特殊利益和需求之后才能变成以国家普遍利益为导向的国家公民。黑格尔试图通过这种方式重建中世纪以来市民社会和政治国家之间的同一性。尽管马克思认同黑格尔关于市民等级在中世纪就是政治等级本身的看法，但他马上指出，那时市民社会的各个等级所具有的普遍的立法效能乃是"它们的现实而普遍的政治意义和政治效能的简单表现"，纯粹的普遍事务便是它们的私人事务，主权便是它们私人的主权（$MEGA^2$, I/3, 79;《全》, 2/3, 92），相反，黑格尔的出发点则是现代国家里市民社会与政治国家已经分离的事实，他将这种独特的现象解释为"理念的必然环节"和"理性的绝对真理"的分离，并将"国家的自在自为地存在着的普遍东西与市民社会的特殊利益和需求对立起来"。这样一来，市民社会作为对国家理性的反思关系而存在，这不仅无法改变国家的本质，而且还构成了国家概念诸环节的最高的统一，然而后者根本就无从实现，因为等级要素的存在本身意味着市民社会与国家之间具有敌对性的一面，可见，在立法权中引进等级要素这个中介不能解决国家与市民社会之间现实存在着的矛盾和冲突，相反，等级要素本身就是上述分离状况的表现。最后，市民社会的个人既是具有普遍意识的国家公民，又是合法地拥有个人需求的私人，其双重身份之间是分离的。个人要想作为公民在国家的政治生活中获得政治意义和政治效能,"就必须抛弃自己的等级,即抛弃市民社会,抛弃私人等级",简言之,就要抛弃自己的真实生存;反过来,市民社会内部的差异即基于个人不同生存方式和行为而产生的差异对国家而言"只有私人意义,而不具有政治意义"($MEGA^2$, I/3, 87;《全》, 2/3, 98)。

六、民族与无产阶级共同体

当黑格尔将中世纪以来的等级制度引入现代国家,从而使私人等级的差别成为立法权中的即政治上的等级要素之时,后者获得了既不同于封建的等级制度也不同于市民社会内部真实存在的等级差别的意义。首先,政治差别与社会差别表面上或者说幻想中的同一似乎源于同一个"现实的主体"——真实存在的人。但是,马克思指出人在这里并非主体,而是与人同一的"等级",黑格尔的错误在把人在政治领域和社会领域里的等级差别混同起来,并把它们视为人具有的两种并存不悖的规定性,其结果是将二者共同加以神秘化。在马克思看来,在黑格尔这里,无论是政治等级差别还是社会等级差别都不是人或者等级这个主体的自我规定,而是"象征性的、附加的规定"($MEGA^2$, I/3, 92;《全》, 2/3, 104)。其实质是用现代国家的新世界观去解释等级制度的旧世界观。其次，等级要素作为王权与市民社会（人民）的中介无法消解双方真实的对立状况。黑格尔的立法权构想出于其对国家概念的现实性考虑，等级要素的作用在于中和作为经验单一性极端的王权和作为经验普遍性极端的人民，从而为国家理性最终成为现实提供保障。马克思分析道，君主通过委任国家官吏的行为使自己失去了经验单一性；市民社会派出的等级代表构成了立法权中的等级要素，因而失去了经验普遍性而成为经验的特殊性，这些等级代表既忠于"国家和政府的意愿和信念，又忠于特殊集团的和单个人的利益"；"前者失去了自己的偏执性，后者失去了自己的流动性"，等级要素的中介作用似乎以上述方式得以体现，但马克思断言，与其说这是等级要素的体现，不如说是现实中不可调和的矛盾的体现。按照黑格尔的逻辑，在立法权中处于"极端地位的特定环节"的王权是居间者，同时也是构成立法权整体的一个有机环节，它又反过来充当了政府要素和等级要素之间的中介，这样一来，充当王权与人民中介的等级要素又变成了与人民这个极端相对立的另一个极端[①]。王权、行政权和等级要素三个环节之间互为中介、互为极端和相互过渡的做法混淆了同一本

---

① Hegel, *Grundlinien der Philosophie des Rechts*, p.427.

质的内部差别（存在上的差别）和不同本质之间的差别。在黑格尔那里，立法权诸环节是真实存在的王权、行政权和市民社会的抽象，而作为极端出现的对立面也只是作为现实的对立面的抽象，这种将从真实对象那里抽象出来的极端认定为真实存在的极端的思想方法的后果在于：

1."因为唯有极端是真实的，任一抽象和片面性都自命为真实的，所以任何一个原则不是表现为自身的总体性，而是其他东西的抽象"；

2.将对立面的自我认识和冲突视为国家理性的障碍和有害物；

3.试图为解决这些冲突寻求中介[①]。最后，等级要素是政治国家的"浪漫幻想"。马克思认为，在黑格尔的立法权构想中，与王权这一孤立的极端对立的另一极端本来应当是市民社会，而不是等级要素，因为后者与王权之间不存在实质性的对立关系。假如以市民社会内部的差别为出发点，将市民社会的规定视为政治规定，那么立法权就不再是从形式上对抽象的国家精神的体现，而是从市民社会角度对政治国家的规定。循此，黑格尔从各个同业公会和不同的等级那里引申出来的政治上的

---

① *MEGA²*, I/3, 98；《全》, 2/3, 111。

等级要素就失去了效用，后者从理念上对王权和人民的统一实质上掩盖了政治国家与市民社会的分离。不仅如此，马克思继续分析道，为了使等级要素与君王要素拥有"谐和一致的可能性"，黑格尔必须取消市民社会包含的"敌对反抗的可能性"，等级要素就此失去了"作出决断和进行思考的自由"，因此它也就失去了"政治上的等级"要素，从而"成为了君王的要素"（$MEGA^2$, I/3, 101;《全》, 2/3, 112）。于是，等级要素应该被设定为君王意志，或者，君王意志应该被设定为等级要素（$MEGA^2$, I/3, 102;《全》, 2/3, 116）。

黑格尔将等级要素引入作为国家总体的立法权非但没有消除市民社会与政治国家的分离，反倒使私人等级同其政治等级的分离凸显出来，结果使"政治国家总体也消失了"（$MEGA^2$, I/3, 98;《全》, 2/3, 111）。

在黑格尔看来，等级要素中最能体现与君王要素"谐和一致"的是农民等级或"拥有权势的农民等级——贵族土地占有者"。我们已经非常熟悉这个在黑格尔那里曾经被视为普遍等级的社会等级，其特殊性在于"具有以自身为基础的意志"和"生来如此"的自然规定，这同样也是君王要素的特殊性所在。然而，马克思指出，农民等级与其说是以"自身为基础的意志"不如说它是"以土地为基础的意志"，不如说它是以"国家信念"或"以整体为基础的意志"。土地或者地产作为生活资料为农民等级的国家信念的产生提供了可能性,这是通过为这一等级独享的"长子继承权"来实现的。在《法哲学原理》第306节的补充解释中,上述关系被表述为:"国家不仅考虑信念的单纯可能性,而且还要考虑某种必然的东西。信念固然与财产没有关联,但二者之间存在着一种相对而言的必然性:谁拥有独立的财产,谁便不受外部环境的约束,并毫无阻碍地走出来为国家做事。"(GPR, 475)由于其财产的这种无依赖性,农民等级在黑格尔的立法权即总体国家中被赋予了不同于普遍等级和产业等级的政治地位和政治意义。后两个等级的财产分别仰赖行政权和民众的恩惠,它们直接和间接地分享了政治国家的普遍财产或社会财产,相反,农民等级的财产由于长子继承制的实行不仅与社会而且与家庭相隔绝,因而是"独立自主的私有财产"。长子继承制的冷酷性破坏了"爱"这个被黑格尔奉为家庭生活原则的东西,也同其国家普遍伦理相违背,更谈不上与国家普遍精神的化身——君王要素——的一致了。在这个意义上,"土地占有等级则是反对家庭生活的私有制的野蛮力量"($MEGA^2$, I/3, 108;《全》, 2/3, 123)。不仅如此,马克思继续批评道,黑格尔赋予以土地为基础的农民等级与君王要素乃至普遍伦理以谐和一

致性的做法无异于证明:

> 政治制度就其最高阶段来说,是私有财产制度。最高的政治信念就是私有财产的信念。(*MEGA²*, I/3, 108;《全》, 2/3, 123)

正如马克思所说,黑格尔没有让构成市民社会等级要素之一的农民等级来规定政治国家;相反,他把长子继承权"描写成政治国家对私有财产的权力",并从政治方面规定了农民等级具有的"使命"(*GPR*, 476),其目的"只是为了让脱离开家庭和社会的私有财产的意志得以存在,并承认这种存在是政治国家的最高存在,是伦理生活的最高存在"(*MEGA²*, I/3, 109;《全》, 2/3, 124)。首先,私有财产不再是私法领域里受"我"的意志支配的东西,而是作为"抽象的独立物"凌驾于"我"之上并占有"我"的意志、伦理和宗教。其次,"私有财产的'不可让渡'同时就是普遍意志自由和伦理的'可以让渡'"(*MEGA²*, I/3, 108;《全》, 2/3, 123)。私有财产在此被提升为形而上学的实体并获得了抽象的主体地位,其占有者——人——反过来沦为了这一实体的"偶性",或者降格为私有财产这个主体的谓语。于是,"占有者(农民等级——引者注)的任意领域已从一般人的任意转变成私有财产特有的任意",这种"极端狭隘的、非伦理的、粗陋的"私人意志不仅破坏了家庭伦理而且也使市民社会的伦理荡然无存。最后,与农民等级财产的不可让渡相比,普遍等级和产业等级的财产来自对共同意志范围内的社会财产的分享,后者符合基于人与人相互依赖的国家伦理,前者则以土地私有制造就了"无依赖性的私人",马克思指出,黑格尔以这种方式无非证明了:

> 现代国家同道德分离是合乎道德的,道德是非国家的,国家是非道德的。($MEGA^2$, I/3, 118;《全》, 2/3, 135)

非常明显,这个结论完全走向了黑格尔的国家构想的反面,在《法哲学原理》第257节里,作者曾经说"国家是伦理理念的现实"(*GPR*, 398)。

与农民和贵族等级一样,君主也是黑格尔现代国家中基于私有财产制度之上的、最理想的政治人格。在1817/1818年冬季学期的法哲学讲义中,黑格尔认为,将整个民族的福祉系于君主个人的偶然性主要是现时代的人们才有的浅见,过去的君王位居民族的中央,"在他的身上,人们目睹了全民族所有的财富、奢华和荣光"（*VNSH*, 201），他继续说道，为了使君主成为普遍财产的拥有者，他必须以"最富有之人"的奢华面目出现在其所有的臣民们面前。相反，仅仅占有私人财产的人民既"无法设置一切，也无法达成全体，单个人是贫困的，他们只能在普遍的财富中取得自己的财富"。（*VNSH*, 202）私有财产作为政治国家的最高伦理成为"一个普遍的范畴""一种普遍的国家纽带"，组成国家的各个集团如协会、自治团体和同业公会，乃至国家本身均成了私有财产，商业和工业是各种同业公会的私有财产，宫廷官职和审判权是各个特殊等级的私有财产，各个省是王侯门的私有财产；为国效劳是统治者的私有财产，圣灵是僧侣的私有财产。"我履行自己义务的活动是别人的私有财产，同样，我的权利则是特殊的私有财产。主权，这里是民族，是皇帝的私有财产。"（*MEGA*^{2}, I/3, 118;《全》, 2/3, 135）这实际上意味着黑格尔政治国家的全面解体，也意味着一般意义上的政治也解体了。

罗马人承认占有这一构成私有财产的基础"是无可解释的事实"，他们在历史上首先制定了私有财产法。因此，罗马皇帝的权利并非源于黑格尔建构的日耳曼式的神秘的、抽象的私有财产权，而是源于经验层面的个人意志。换言之，不是私有财产支配皇帝的意志，而是皇帝像支配自己的私有财产那样支配社会财富。在此意义上,马克思指出,在罗马人那里,私法的发展是共同意志即政治解体的结果;相反,在将个人、等级以及国家视为私有财产之特质的德国,私有财产将是导致其政治解体的根本原因[1]。当各个等级和政治国家解体之后,市民社会迎来了自己的全面解放。从历史上看,君主专制将中世纪的政治等级转变为与王权和贵族对立的市民等级,官僚政治消除了国家内部各个等级集团的特殊利益,但市民等级在政治国家中仍然具有政治地位和政治意义。只有法国大革命才通过第三等级单独组成民族的方式废除了中世纪的政治等级,并将那个时代遗留下来的等级差别完全转变成市民社会内部的差别,马克思说,过去用来划分不同社会等级的标准即需要和劳动失去了效用,建立在特殊需要和为满足这些需要所付出的直接劳动和间接劳动之上的独立团体(协会、自治团体和同业公会)被"以任意为原则的流动的不固定的集团"所代替,"金钱和教育是这里的主要标准"($MEGA^2$, I/3, 89;《全》, 2/3, 100)。

按照马克思的观点,黑格尔将私有财产认定为国家伦理生活的最高存在和从政治上联系各个等级的纽带,

---

[1] $MEGA^2$, I/3, 120;《全》, 2/3, 138。

那么"丧失财产的人们和直接劳动的即具体劳动的等级"被排除在了市民社会各个等级以及国家的政治生活之外，它在黑格尔的政治国家中所遭受的普遍苦难成就了德国普遍解放的可能性，后者在于这个特殊等级能够形成一个"并非市民社会等级的市民社会等级，形成一个表明一切等级解体的等级，形成一个由于自己遭受普遍苦难而具有普遍性质的领域"（$MEGA^2$, I/3, 1;《全》, 2/3, 213）。正是在这里，马克思找到了能够代替西耶斯的第三等级和黑格尔的官僚等级出现的一个新的普遍等级——无产阶级。那么，作为一个特殊阶级的无产阶级为什么同时又是一个普遍阶级？首先，在批判黑格尔将官僚等级认定为普遍等级的做法时，马克思说，普遍利益只有在实际上而不是仅仅在思想上和抽象中成为特殊利益才有可能，同样，特殊利益只有在实际上成为普遍利益时才有可能[1]。无产阶级正是被排除在黑格尔非现实的国家和等级之外，从"现实的人"的特殊地位出发，从事社会的普遍解放。其次，无产阶级的普遍性还在于它是私有制国家制度和社会实际解体及其造成的普遍后果：工业运动制造了大量的贫民；因"中间等级的解体而产生的群众"；"自然形成的贫民和基督教日

---

[1] $MEGA^2$, I/3, 52;《全》, 2/3, 61。

耳曼农奴也正在逐渐跨入无产阶级的行列"（*MEGA²*, I/3, 182;《全》, 2/3, 213），甚至"统治阶级的一小部分人"如资产阶级的思想家们也"转到无产阶级方面来了"，正如在1789年法国大革命前夕一部分"爱国的"贵族和教士响应西耶斯的召唤加入了第三等级一样[①]。最后，"宣告迄今为止的世界制度的解体"意味着无产阶级要将真实生存的人从私有财产的抽象以及以私有财产为最高伦理存在的抽象政治国家的异化中解放出来，使人完全回复到自己本身，这绝非某一个特殊等级的解放，而是"全人类的解放"（*MEGA²*, I/3, 108;《全》, 2/3, 123）。

无产阶级如何组织自己的政治共同体？西耶斯的民族共同体是由第三等级单独组成的"同质化"的整体，它掩盖了民族内部私人身份与国家公民、积极公民与消极公民的分离和冲突；为了克服市民社会与政治国家的上述分离状况，黑格尔把中世纪遗留下来的政治等级作为抽象的等级要素引入了总体国家当中，试图以此充当王权与人民之间的中介，从而构造出一个统一的国家共同体。在黑格尔看来，抽象的私有财产权理应能够为农民和土地贵族提供形成其普遍的国家信念的基础，

---

① *MEW*, Bd.4, pp.471-472;《马克思恩格斯选集》第2卷，第41页。

却反过来使国家共同体面临解体。黑格尔心目中理想的共同体原型非中世纪的同业公会莫属,后者是基于特殊的需要和劳动而被组织起来的稳固的自治体。马克思分析道,在旧制度下,同业公会作为共同体来吸纳个体,但是在现代的等级中,个体是流动的和任意的,他所从事的劳动与其所意愿从属的等级之间没有固定的和必然的关系,同以经商为业的人可以从属于不同的阶级、拥有不同的社会地位。简而言之,"他们的形成本身是任意的而且不是组织的"(*MEGA²*, I/3, 90;《全》, 2/3, 101)。无产阶级要成为普遍的、解放者的阶级或者成为"整个社会的等级",就必须以另一种不同的方式和原则组成一个不同于以往历史中的政治共同体,在《〈黑格尔法哲学批判〉导言》里,马克思向无产阶级发出了西耶斯式的政治呼吁:

> 我没有任何地位,但我必须成为一切。
> (*MEGA²*, I/3, 180;《全》, 2/3, 211)

在西耶斯那里,第三等级成为普遍等级的原因在于它在旧制度的三个政治等级中人数最多,是从事直接的劳动并以此供养前两个等级的等级;在马克思这里,无产阶级处在一切社会等级之外,"是市民社会各个集团赖以安身和活动的基础"（*MEGA*², I/3, 180;《全》, 2/3, 211）。第三等级是民族内部的普遍等级，无产阶级则是超越民族之上，承担着全人类解放事业的普遍阶级。对于马克思来说，第三等级和无产阶级的界定标志着法国革命和将要发生的德国革命所采取的不同道路：前者是从第三等级的解放走向民族解放也即从部分解放走向全体解放，后者则遵从全人类的解放是无产阶级解放的前提亦即全体解放是部分解放的前提。在西耶斯民族共同体中，人民的主权意味着民族性；在黑格尔的《法哲学原理》中，人民的主权这一普遍性环节必然通过作为经验单一性的君主成为现实，因此，民族性成为君主的原则，马克思批评道：

> 各国人民通过各自的君主能最好地巩固和表现各自的民族性。一个绝对的个人和另一个绝对的个人之间的鸿沟，也同样存在于这些民族性之间。（*MEGA*², I/3, 40;《全》, 2/3, 50）

如此充满私有制和利己主义色彩的民族性就是黑格尔建立在抽象的、因而是神秘的私有制之上的国家伦理精神，与西耶斯同样神秘的"民族"一样[1]，它成了现代政治国家的组织原则。西耶斯不以"国家"（l'état）而以"民族"来命名第三等级组成的新的政治共同体是为了切断后者同君主主权的联系；黑格尔以高居民族（Volk）之上的国家（Staat）来定义民族共同体是为了突出国家的神圣起源。然而，在马克思看来，无论是国家还是民族二者均是现代政治国家的抽象形式，伴随着黑格尔式的政治国家以及一般意义上的政治的普遍解体，民族性的内容必然会产生深刻的变化。因此，标志着上述解体的无产阶级及其政治共同体——民族——必然立足于同政治国家对立的市民社会之中，既要摆脱中世纪的等级共同体，摆脱农民的民族、皇帝的民族以及资产阶级的民族，也要摆脱对一种抽象的政治国家因而也是非现实国家的信念。

"工人阶级没有祖国。决不能剥夺他们所没有的东西。因为无产阶级首先必须取得政治统治，上升为民族的阶级，把自身组织成为民族。"正是在这里，我们看到，挣脱私有制的抽象权利束缚的民族是无产阶级"利用一切社会领域"或从民族的一切领域包括从资产阶级那里取得"金钱"和教育即"文化知识"（*MEGA*², I/3,

---

[1] Jean-Denis Bredin, *Sieyès. La clé de la révolution française*, p.541.

179;《全》, 2/3, 210）从而赢得普遍阶级地位的必由之路。

第二章 反叛的幽灵：马克思、本雅明与1848年法国革命中的小资产阶级知识分子

一、谁是小资产阶级？

1849年5月11日，普鲁士当局以"违反友好条例"为由驱逐了旅居科隆的"外国人"马克思，6月3日，他被迫返回巴黎，因为3个月前费迪南·弗洛孔曾以临时政府名义向他发出过邀请[①]。然而不久之后，巴黎工人发动的六月起义遭到了代表资产阶级共和派的卡芬雅克将军的残酷镇压，保守主义者继七月王朝末期基佐政府之后又开始驱逐汇聚巴黎的欧洲各国革命者。7月19日，马克思夫人燕妮在位于里尔街5号的家中接待了登门拜访的一

---

① David McLellan, *Karl Marx, A Biography*, London: Papermac, 1993, p.174.

位熟悉的巴黎警察。"马克思及其夫人"被告知必须在24小时之内离开巴黎,迁往法国西部边缘省份莫尔比安省的瓦纳市居住[①]。8月17日,马克思迫于形势第三次离开巴黎,来到了伦敦。一年多来,马克思先后经历了法国二月革命、德国三月革命、维也纳革命以及法兰克福议会被普鲁士军队驱散等等一系列的失败。然而,革命一再遭受失败的痛苦经验并没有让承受这一结局的马克思像托克维尔那样成为"失败的保守主义者",相反,马克思直到去世之前都是一位"失败的进步主义者"和"乐观的进步主义者"。1850年代初,马克思依然相信,随着主要资本主义国家的工商业危机进一步蔓延,一场更为宏伟的无产阶级革命将会迅速降临到刚刚被革命洗礼过的欧洲土地上。1848年法国革命从失败者的阵营里诞生了两位杰出的19世纪欧洲历史学家[②]。"概念史"研究的开创者莱因哈特·科塞勒克认为,"从短期来看,历史或许是由胜利者书写的,但从长远来看,历

---

① David McLellan, *Karl Marx, A Biography*, p.202.
② Enzo Traverso, *Left-Wing Melancholia. Marxism, History, and Memory*, New York: Columbia University Press, 2016, pp.57-58.

史知识的获得却来自失败者那里"①。德罗伊森的《普鲁士政治史》和基佐的《欧洲文明史》是"胜利者史学"代表著作,前者将普鲁士在近代走向民族国家的成功之路归因于神意,后者视欧洲文明霸权在全世界的建立为自由精神发展的必然结果。科塞勒克认为,这样一种历史编纂方式"很容易带来对历史观点的扭曲,因此它必然很难抵御出自文本内部的意识形态批判"②。在寓居伦敦的初期,马克思决心与激进的资产阶级民主共和派决裂,放弃他们经常使用的密谋手段,主张以理论指导革命、促使工人运动由秘密状态逐步走向公开。因此,他经常在流亡伦敦的共产主义者中发表讲演,同时着手在更高的理论层次上改组共产主义者同盟,建立能够严格实践其革命理论的无产阶级政党。为了实现这个目标,他广泛搜集了有关1848—1851年法国革命的各种书籍和报章杂志,在此基础之上,撰写了一系列分析、批判和总结革命失败经验教训的著作,这些著作分别是

---

① Reinhart Koselleck, *Zeitschichten. Studien zur Historik*, Frankfurt am Main: Suhrkamp Verlag, 2000, p.68. 科塞勒克有关"胜利者的史学"和"失败者的史学"的思想实际上来源于本雅明,尽管他本人并没有提及后者。详见Stéphane Mosès, *L'ange de l'histoire, Rosenzweig, Benjamin, Scholem*, édition revue et augmentée, Paris: Gallimard, 1992, pp.201-263.

② Reinhart Koselleck, *Zeitschichten. Studien zur Historik*, p.67.

刊登在《新莱茵报·政治经济评论》上的欧洲时评和书评、《法兰西阶级斗争》（1850）、《路易·波拿巴的雾月十八日》（1852）和《流亡中的大人物》（1852年撰写，1960年面世）。在这一系历史著述当中，马克思"把历史发展视为迄今仍身受压迫的无产阶级走向胜利的道路"，"他扮演了无产阶级思想代言人的角色，在因囿于具体情境而导致的失败中寻求一种长期的解释，这使未来的成功被历史性地确立下来"，在此意义上，科塞勒克说，历史学家马克思是"作为胜利者"，而非"像胜利者"那样从事历史写作的，[1]其重心落到了针对欧洲当下现实政治所展开猛烈的意识形态批判，而不是为过往的历史寻求某种合法性依据。

在马克思有关1848—1851年欧洲革命的历史-政治著述当中，对发动并领导了这场革命运动的小资产阶级知识分子的性格、思想和行为的分析和批判构成了一个显著而持久的主题。这一行色匆匆的人群中既有迫于各种复杂局势而往来于巴黎、伦敦、布鲁塞尔、柏林、法兰克福和维也纳等地的民主共和主义者、共产主义者，也有一般意义上的左翼革命家，其公开的职业分别是作家、诗人、记者、政论家等等，例如在普鲁士革命中一

---

[1] Reinhart Koselleck, *Zeitschichten. Studien zur Historik*, p.76.

跃而成为共和主义象征的人物，后来担任法兰克福议会代表的戈特弗莱德·金克尔，他本人就是集神学家、革命者、诗人、作家和教授于一身（《全》，2/10，402—405）。无论是在巴黎还是伦敦，马克思都曾经长期生活在他们中间，非常熟悉这些政治移民的动向，并与他们有过密切的接触或交往，因此揭露和批判他们的工作也非常有力。在这方面，我们仅举一例即可领略马克思对其行为的敏感以及批判他们时显露出的锋芒。1859年4月，已经移民瑞士的普鲁士共和党人和博物学家卡尔·福格特在发表文章诋毁马克思是奥地利政府的间谍和"流亡者团伙的头目"，指责这些流亡者团伙过去曾背负着破坏社会秩序的"制刷匠帮"或"硫磺帮"的恶名，如今则在伦敦干着"结伙密谋"的勾当。福格特参与了1848年德国革命，曾当选为法兰克福议会代表，后来为了逃避政治迫害移民日内瓦。在同一篇文章里，他还指控马克思依靠剥削工人在伦敦过着奢侈的生活[①]。虽然此事乍看起来并非那么要紧，但马克思还是马上停下手头的工作，花费了一年时间专门搜集与此人有关的种种资料，他根据一位巴登革命者提供的消息，揭露了

---

① Jean Bruhat, *Marx Engels*, Borgerhout: De Beurs, 1983, p.182.

福格特的真实身份实为路易·波拿巴雇佣的间谍①。在巴黎公社时期，人们果然在第二帝国的档案中发现了一张数额高达40000金法郎的收据，这是福格特本人靠做密探从拿破仑三世秘密基金支取酬金的铁证②。在《新莱茵报·政治经济评论》第4期（1850年4月出版）"文学"栏目中的一个长篇书评中③，马克思和恩格斯为我们勾勒出了一幅在法国二月革命中纷纷登场的共和派人物们（尤其是激进的山岳党人）的灰暗画像。他们分别是被临时政府委任为巴黎警察局长的马克·科西迪耶尔及其警备队长阿尔道夫·谢努，激进秘密组织"新四季社"骨干、巴黎警察局秘书、《改革报》编辑律西

---

① 参看中共中央马克思恩格斯列宁斯大林著作编译局编译《马克思恩格斯全集》第2版第19卷，北京：人民出版社，2006年，第69—430页。

② Jean Bruhat, *Marx Engels*, p.182.

③ Karl Marx (redig.), „Literatur Ⅱ ", In: *Neue Rheinische Zeitung. Politische-Ökonomische Revue*, 4(1850), pp.30-48, reprint der Originalausgabe 1850, Leipzig: Zentralantiquariat der DDR, 1982. 另：这篇书评在1886年重新由卡尔·考茨基编辑发表于德国社会民主党的机关刊物《时代》[*Die Neue Zeit*, 4/12 (1886)]上。考茨基是在经恩格斯首肯的情况下拿到了该文的一个副本，上面有马克思和恩格斯的共同署名，故可推断这篇书评应为两人合作的结果，详见 *Karl Marx Friedrich Engels Gesamtausgabe (MEGA², I/10), Apparat*, Hrsg.v. Institut für Marxismus-Leninismus bei Zentralkomitee der KPS u. v. Institut für Marxismus-Leninismus bei Zentralkomitee der SED, Berlin: Dietz Verlag, 1977, p.876. 该书评的中译文见《全集》第2版第10卷，第324—341页。

安·德拉奥德等。谢努和德拉奥德是七月王朝时期的激进共和派，在二月革命前参加过多起反对路易·菲利普的起义或暴动，他们还是以推翻君主制为目标的秘密会社成员，但后来证实，两人均在七月王朝末期就已经被迫或主动投靠了君主政府，成为警察局的警察们出钱雇佣的线人，在投身街垒战的同时，他们还不失时机地向王朝政府提供各种情报，不仅如此，谢努在二月革命后还被怀疑投入了与激进共和派对立的自由派领袖、时任巴黎市长马拉斯特的怀抱，尽管他本人曾予以否认[1]。事情败露之后，为替自己辩白，谢努发表了《密谋家，秘密组织；科西迪耶尔主持下的警察局；义勇军》一书，书中不但披露了自己如何根据蛛丝马迹发现同僚德拉奥德出卖情报的细节，而且也将山岳党的领袖、其昔日的上司科西迪耶尔在革命过程中的种种营私舞弊和耍弄权术的伎俩无情地暴露出来。与谢努一样，间谍身份暴露后的德拉奥德也为自己撰写了一部辩白之作：《1848年2月共和国的诞生》。在这本小册子中，德拉奥德把自己塑造成了一个不惜冒生命危险打入激进的秘密会社内部，并通过缓和其激进的政治态度从而维护了社

---

[1] Jill Harsin, *Barricades, The War of the Streets in Revolutionary Paris, 1830–1848*, New York: Palgrave, 2002, p.220.

会秩序的英雄。尽管上述有关二月革命的回忆录或政治宣传手册所提供的史料大多不可信,但透过它们行文的张扬和言辞的浮夸,两位书评作者洞悉了二月革命中一个遭到人们普遍忽视的阴暗面:代表各派政治力量的诸多人物之间展开的复杂社会交往过程[1]。

马克思和恩格斯首先送给了谢努、德拉奥德和科西迪耶尔们一个响亮的名字——"密谋家"(comspirateur):他们无法找寻固定的职业,缺少稳定的收入,故而整日流连于酒馆和咖啡馆之间,在那里聚谈政治、谋划造反;在私人领域,他们蔑视和挑战资产阶级的道德规范。动荡不安的生活和精神状态导致"他们沦为巴黎人所说的浪荡汉(la bohême)",这个为数不少的"波希米亚人"群中既有出身于无产阶级的"民

---

[1] "法国大革命修正史学派"的代表人物弗郎索瓦·傅勒指责马克思主义法国革命研究过分重视政治史和经济史路径,而忽视了他极力予以推崇的在各派政治人物之间展开的"政治交往"一维,但马克思和恩格斯对上述两部被传统史学视为"秘密历史"的回忆录的重视程度恰恰构成了一个反例。有关"法国大革命修正史学派"研究成果的综述,详见Jacques Solé, *La révolution en questions*, Paris: Seuil, 1988; 傅勒对马克思主义法国革命史学的批评,详见François Furet, *Penser la révolution française*, Paris: Gallimard, 1979, pp.135-210; 有关同一作者就马克思本人对法国革命史研究的分析和批评,详见François Furet, *Marx et la révolution française, suivi de Textes de Karl Marx réunis, présentés*, traduits par Lucien Calvié, Paris: Flammarion, 1986.

主浪荡汉",也有出身于资产阶级的"民主浪荡汉"(《全》,2/10,332)。他们在风平浪静之际放浪形骸、饮宴享乐,以哄骗利诱的伎俩招募同党并谋划起义或者暴动;而在街垒战到来时又不惜冒死充当勇猛的指挥官,但是马克思和恩格斯说,他们是并不满足于一般地组织革命的无产阶级。他们要做的事情恰恰是要超越革命发展的进程,人为地制造革命危机,使革命成为毫不具备革命条件的即兴之作。在他们看来,革命的唯一条件就是他们很好地组织密谋活动。他们是革命的炼金术士,完全继承了昔日炼金术士固定观念中那些混乱思想和偏见(《全》,2/10,333—334)。

密谋家们抛开了现实而行动,其屡屡失败的原因在于忽视发动革命的历史条件。反过来说,推动密谋家们走向街垒的力量是一种非现实和非历史性的"固定观念",或者说是他们对现实的错误表象或幻象,而非工人阶级已经觉醒了的阶级意识,后者只能通过长期的阶级利益教育才能获得。习惯浪荡汉生活的密谋家就此沦为了"革命的炼金术士":热衷发明具有魔力的器械,他们妄想通过爆发"革命奇迹"一举颠覆旧王朝和政府。"早期的炼金术士"在君主制末期的密谋家们那里找到了自己的躯体,从而宣告了一个中世纪幽灵(Gespenst)的降临。两年之后,在《路易·波拿巴的雾月十八日》中，马克思再次诠释了旧革命幽灵的含义："一切已死的先辈们的传统，像梦魇一样纠缠着活人的头脑。"（《全》，2/11, 132）

"为了再度找到革命的精神，而不是让革命的幽灵重行游荡"（《全》，2/11, 133），刚刚落脚于伦敦的马克思马上便开始投入到了对欧洲的资本主义现实的政治经济学研究当中，希望能够揭示资本主义剥削的秘密，确定无产阶级的利益所在，继而培养其鲜明的阶级意识和彻底的反抗精神。于是，马克思在幽灵和现实之间划定了一条明确的界线[①]，这条界线将他自己与谢努、德拉奥德、金克尔和福格特们严格区分开来。尽管如此，敌人们还是把"浪荡汉""密谋家"和"幽灵"的标签贴到了马克思身上，让我们看看一位派驻伦敦的普鲁士密探眼中的马克思：

> 马克思，中等个头儿，34岁，虽然正值壮年，但他的头发已经发白。
>
> 他外表强壮，其面庞颇让人想起塞迈尔，只是他的肤色要更显棕色，头发胡须全黑，他从来不剃胡须，一双湿润的黑眼透出一种魔鬼般的神秘；乍

---

① Jacques Derrida, *Spectres de Marx*, Paris: Galilée, 1993, p.70.

看起来，他是一个精力充沛的天才，其凝重的神情给周围的人们带来一种无法抗拒的压力。在私生活方面，他是一个非常邋遢、玩世不恭而且不会持家的人，他过着一种真正的浪荡汉生活［il mène une vie à la bohémien de l'intelligence（他在思想上也保持着浪荡汉的风格——译者注）］。

……

作为密谋活动的头目和领导者，他无可争议地是马志尼式的最有能力和最合适的人选，作为阴谋家，他至少不逊色于那些渺小的罗马人。

……

（马克思领导的——引者）党始于断头台，终于一张白板。他们对国家、政府和社会秩序危害之大，以至于所有的政府和个人都应针对这一看不见的、潜伏下来的敌人联合起来，处于自保的目的而行动起来，直至这个毒瘤从其最后的病灶被拔除。[1]

---

[1] 摘自柏林皇家警察总部有关1853年共产主义者最新动向的卷宗，转引自Gustav Meyer, „Neue Beiträge zu Biographie von Karl Marx", *Archiv für die Geschichte des Sozialismus und der Arbeiterbewegung*, 10 (1922), pp.54-66.

从呈送普鲁士使馆的这份秘密报告来看，这位混迹于伦敦政治流亡者队伍当中、冒充革命者的密探在洞察力和文采方面一点也不输于谢努和德拉奥德：他非常熟悉刚刚在巴黎和德国发生的革命，而且不知以何种方式取得了马克思的信任，甚至有机会参加了后者在位于迪恩街64号的家里为工人们举行的小型讲演会。这位普鲁士密探的身影也时常出现在大风磨街德国工人教育协会召开的政治会议上。我们不难想象，这位假冒革命者的人在马克思和其他共产主义者面前自然表现出了慷慨激昂的一面，其双重面目正是马克思和恩格斯要加以批判的对象。"密谋家""浪荡汉"和"幽灵"成了马克思及其反对者——小资产阶级民主派——共同享用的社会和政治身份认同的表征。由于相互抢夺和排斥上述表征，双方于是处于一种被罗杰·夏蒂埃称之为"表征的斗争"（la lutte de representation）之中，它体现出存在于以下两者之间的一种权力关系，其中一方是由拥有分类和命名权利的人赋予对方的表征，另一方则是被命名者对自我的定义：它要么臣服上述表征，要么对其表示抗拒[1]。在这里，我们关注的问题并非谁才是真正的

---

[1] Roger Chartier, *Au bord de la falaise: L'histoire entre certitudes et inquiétude*, Paris: Albin Michel, 2009, pp.90-91.

"密谋家""浪荡汉"和"幽灵",而是追问这一区分或分类实践究竟产生了什么样的政治效果。对于马克思来说,问题不在于为一个被视为静态的社会提供一种分层方法,而是通过为小资产阶级命名这种象征性实践进一步祛除旧革命的幽灵,为无产阶级开辟出新的政治空间①。

二、密谋家

谢努和德拉奥德二人均来自以赖德律-洛兰、路易·勃朗、皮亚、阿尔伯、弗洛孔和科西迪耶尔为首的小资产阶级激进共和派组织。其行事和作风处处刻意模仿1793—1795年法国大革命中的山岳党人罗伯斯庇尔、马拉和丹东,因此在二月革命中,他们被视为旧山岳党人的复活。所谓"党"在这里并非指在法律框架下公

---

① 布尔迪厄批评马克思的阶级划分方式试图将"纸面上的分类"错误地等同于现实社会中实际存在的阶级,认为前者只是对现实的虚拟,它代表的仅仅是"类别的潜能"而已,详见Pierre Bourdieu, *Raisons pratiques*, Paris: Seuil, 1994, pp.19-23. 然而上述批评在这里并不适用,因为马克思坚持把他对小资产阶级的划分建立在后者社会类别真实的生活状态之上,这也同样是布尔迪厄在《艺术的规则》中从浪荡汉作家的生活方式出发对其文学趣味选择进行分析时所采用的方法,详见Pierre Bourdieu, *Les règles de l'art: genèse et structure du champ littétraire*, Paris: Seuil, 1998, pp.86-94.

开活动的、现代意义上的政党,而是拥有共同的政治目标——推翻路易·菲利普的君主制政府,建立人民主权的共和国——的一个秘密会社而已,其历史可以远溯至在复辟王朝和七月王朝下前后出现的一系列共和派秘密团体:"烧炭党""人民之友""人权社""家庭社""四季社""自由人"等等。七月王朝末期,他们聚集在《改革报》(*La Réforme*)周围形成了一支稳固的政治力量,普鲁东、马克思和巴枯宁都曾为这家著名的共和派报纸撰稿。根据弗郎索瓦·傅勒的研究,法国激进共和主义思想源自1789—1795年大革命时期。这位大革命修正史学家认为,就共和思想的发展而言,1789年是自由的和个人的,1793年则出现了雅各宾主义的恐怖体制[1]。共和二年的热月政变(1794年7月27日)推翻了山岳党建立的革命政府,政治权力趋于温和。在傅勒看来,当初将罗伯斯庇尔推上政治舞台的正是促使革命政府垮台的同一批群众[2]。然而更多的研究者认为,造成山岳党解体的根本原因在于其内部的分裂:针对反革

---

[1] Jill Harsin, *Barricades: The War of the Streets in Revolutionary Paris, 1830–1848*, New York: Palgrave, 2002, pp.5-6. 后文出自同一著作的引文将随文标出该著名称首字和引文出处页码,不再另注。

[2] François Furet, *The French Revolution, 1789-1814*, trans. Antonia Nevill, Cambridge: Blackwell, p.151.

命势力制定的秘密机制以及迫害和监控措施反过来直接威胁到了公安委员会内部成员的个人安全,山岳党人通过密谋方式上台,热月党人后来以同样的方式将他们推向了断头台,这实质上等同于山岳党的自杀行为[1]。

在拿破仑战争失败和法兰西第一帝国瓦解之后,1815年建立的复辟王朝不遗余力地维护王权,因此不断地与资产阶级的自由政治诉求产生冲突。两个阶级之间的冲突在1830年达到了高潮。在当年6月底举行的选举中,反对派以绝对多数赢得了胜利,但由于极端害怕重蹈40年前路易十六的覆辙,查理十世将选举活动视为由资产阶级共和派掌控的《论坛报》和《国民报》发起的一场旨在反对君主制的政治阴谋。于是,7月25日,他颁布了四条敕令,宣布终止立宪政体、取消选举结果、调整选举制度、严格新闻审查。七月敕令引发了青年学生和印刷工人首倡的群众集会,后者迅速演变成为巴黎街头持续三天(7月27、28、29日)的一场革命,史称"光荣三日"。1830年起义将一位奥尔良公爵——路易·菲利普推上了王位。这位非波旁王朝的贵族之家曾经参与过处死路易十六的行动和革命战争,在资产阶级眼中,年届六旬的新君主是其自由政治理想的化身。然而,七

---

[1] Jacques Solé, *La révolution en questions*, Paris: Seuil, 1988, p.199.

月王朝在"抗拒派"和"运动派"之间摇摆不定的模糊立场无法满足青年共和派更为激进的政治理想。于是，人们在1831年2月洗劫了总主教府，1832年6月5日至6日，巴黎城因霍乱流行导致富人们纷纷逃离而引发的骚动借拉马克将军的葬礼演变成为一场骚乱[1]，当时，在巴黎街头游荡的青年小伙子谢努便出现在骚乱的队伍中，这场骚乱被穆顿将军率领的国民卫队所镇压。谢努事后被投入了圣佩拉日监狱，在那里他结识了许多青年共和党人，并加入了他们的队伍。他接着参加了1834年4月在里昂爆发的、旨在反对奥尔良政府限制结社和维护秩序法令的共和党人起义，以及1839年5月12日由伯纳德、巴贝尔和布朗基领导的"四季社"发动的起义，战斗首先在圣丹尼街和圣马丁街打响，起义者曾一度占领了巴黎警察局和市政厅[2]。然而遗憾的是，这次起义是以密谋的方式策划和发动的，而且缺乏有效实战指挥经验，这导致了惨烈的失败。1832年10月，谢努在接受巴黎警察局长莫洛的讯问时，承认自己在拉马克将军的葬礼队伍中充当掩护的角色，他用"别人送到自己手中的刺刀刺

---

[1] George Duby (dir.), *Histoire de la France. De origines à nos jours*, Paris: Larousse, 1999, pp.600-601.

[2] Adolphe Chenu, *Les conspirateurs,* 2 éd., Paris: Garnier Frères, 1850, pp.7-15.

伤了试图靠近他的一个人",据警方事后展开的调查,谢努当时还未年满15岁,是一名土地测量员。他的其余四名同伙的年龄分别是25、17、18和20岁,他们在巴黎分别从事车工、制蜡板匠、制鞋匠和锁匠工作,在被拘捕时,每个人均被发现手中执有武器[1]。

谢努是1830年代涌现出来的许多青年共和党人中的一员,他们大多出身于城市手工业者,由于不满自己的生活现状,走上了反抗政府的道路。与谢努不同,德拉奥德是新闻记者、诗人和作家,他曾经发表过歌颂爱尔兰和波兰起义的诗歌、抒情诗和政治歌曲等等。除了上述两类人之外,在巴黎教书的青年教师和求学的学生,以及生活在农村的文化青年,工厂工人,还有愿意帮助穷人伸张正义的律师,他们均不同程度地受到了共和思想的感染,纷纷加入了反抗君主制的共和党人行列,希望通过暴力的手段从贵族和资产阶级手中夺取国家机器,从而改变法国的社会和经济现状,实现其阶级平等的政治诉求;他们的身上拥有一种强烈的荣誉感,在暴动和起义过程中处处显示出男子气概;故而由他们引导的社会运动不可避免地带有某种浪漫主义的色彩(*B*, 8)。这些无业游民、落魄的知识分子、放荡不羁的艺

---

[1] «Cour d'assises de la Seine», *Gazette des tribunaux*, 2230 (Oct.6 1832).

术家和出入于歌楼酒肆等社交场所的人一起构成了青年共和党人的主体[1]。出于刑法第291条限制结社的规定，七月王朝治下涌现的共和党人尽管数量很多而且非常活跃，但其政治组织却没有合法性可言，只能处在一种秘密状态中，而且要受到遍布巴黎的警方密探的监控。尤其是在1839年起义之后，随着秘密会社数位领导者的纷纷入狱，共和党人更是飘零四散、溃不成军[2]。因此，在严格意义上，由他们发动的暴动和起义不能称之为审时度势、计划周密的革命行动，其发动方式是秘密的、偶然的，其失败的结局也是迅速的和惨烈的。在《秘密社会和共和党史》一书的开篇，德拉奥德就断言，"没有哪个政府没有经历过密谋带来的创伤"，"一些人总觉得自己的政府是拙劣的，他们认为我们的颠覆活动是秘密联合的结果，因而视后者为唯一有价值的东西"[3]。在共和党人眼中，革命被理解为仅仅是密谋者的活动，其始作俑者无非是巴黎的"机灵人、寄生虫、

---

[1] Theodore Zeldin, *Histoire des passions françaises II (1848-1945)*, Paris: Payot, 1981, pp.140-148.

[2] Maurice Agulhon, *1848 ou l'apprentissage de la république 1848-1852*, Paris: Seuil, 1973, pp.22-23.

[3] Lucien Delahodde, *Histoire des sociétés secrètes et parti du républicain, de 1830-1848*, 3 éd., Paris: Chez L'Éditeur, 1850, p.11. 后文出自同一著作的引文将随文标出该著名称首字和引文出处页码，不再另注。

失望者、游荡者和恶棍"（H, 11）。德拉奥德虽然身为秘密会社的成员，却早在1838年就投靠了时任巴黎警察局长加布里埃·德莱赛尔，成为他出钱雇佣的密探。出于密探这个特殊职业的需要，德拉奥德对巴黎和外省的共和党群体进行了长期的追踪和细致的考察，幸亏他把这些结果写成了文字并且流传了下来，我们才能通过这些材料一睹1848年革命前夕巴黎复杂的"政治生理学"。德拉奥德把导致巴黎这座城市频频陷于溃烂的人们分为七个大类别，它们分别是：1.青年学生。反政府的男性群体中的一支，他们喜欢聚众喧闹、相互攻击和无事生非，很容易成为街头暴动的工具；2.无能者。包括前途晦暗的律师，无病人光顾的医生，没有读者的作家，头脑简单、受政治报刊的影响急切渴望晋身为国家政要的军人，秘密会社的组织者和参加起义的人均出自这个群体；3.浪荡汉。此类人大多生活在巴黎，他们虽然生活境遇堪忧，但喜欢以休息和娱乐来代替工作，无所事事、耽于幻想，把小酒馆和咖啡店视为遭遇和制造奇迹的场所，他们或者是出自社会高层，或者是出自底层，其中一些人秉性诚实，缺乏犯罪的勇气，但大部分人在这里无所顾忌地过着放浪形骸的生活，他们往往是小战斗团体的头目和街垒战的指挥者；4.拥有主权的人民。巴黎城区的工人，或者是适应了巴黎市郊气候的工人，他们生性勇猛、粗犷，习惯于战斗，是历次政治起义的财富，受政治报刊的鼓动，他们鄙视自己的雇主、富人和一般意义上的政府，认为他们自己能够代替政府行使职责；5.斑鸠们。指诸如普鲁东、路易·勃朗和赖德律-洛兰等言论英雄，他们通过共和派报刊向群众进行革命宣传，如"财产即偷盗"，"爱国者死于饥饿"，其言论的影响所及使人们喊出了"改革万岁！"的口号，以至于相信自己走向了傅里叶式的乌托邦组织——法伦斯泰尔，因此他们被视为革命的"杠杆、铠甲和补充"；6.不满者。旧制度的坠落侵犯了他们的利益和情感，而由此引起的创伤只有借街头的暴动和起义发泄出来，其中那些拥有丰富政治技能和经验的人在暗中操纵着革命的进程，警察只能发现其自我保护和阴谋的痕迹而不能找到他们从事颠覆事业的事实依据，他们是"一切政府所要面对的最危险的人"；7.来自不同国家的政治流亡者；8.革命时期街头混乱的制造者——匪徒（H, 12—17）。

在七月王朝时期，巴黎街头这些危险的人群被置于遍布巴黎的密探们的严密监视之下，路易·菲利普的政府通过警察手段对"人权社""人民之友"和"四季社"等等共和党人的密谋活动进行压制。密探们来自社会各个阶层和政治流派，其社会地位上至贵族，下至贫民，他们均打着维护公共安全的名义为自己的所作所为加以粉饰，大肆夸耀自己丰富的社会关系和受到人们普遍信任的职业。潜入共和党内部的密探也不在少数，德拉奥德在二月革命爆发不久便首先暴露出来。临时政府内政部长赖德律-洛兰的属下、时任巴黎警察局局长的科西迪耶尔在旧警察局留下的秘密档案中发现了一束厚厚的卷宗，其制作者——一位名叫皮埃尔的警察记录了自1838年以来有关共和党的大事小情。令人感到吃惊的是德拉奥德竟然也名列其中，这个人曾经是"人权社""四季社"的核心成员，"新四季社"的组织者和二月革命街垒战的策划和指挥者之一，二月革命后又得到了科西迪耶尔的信任，出任巴黎警察局秘书之职。1838年3月25日，德拉奥德曾经致信巴黎警察局局长，要求加入每天可因此获得25法郎报酬的密探行列。在申请书中，他详细叙述了自己的出身和目前的生活现状。德拉奥德出生在加莱省一个拥有选民资格的家庭，他最初来到巴黎的目的仅仅是从事文学写作，并短暂地供职于《新闻报》(*La Press*)。为了证明自己的性格和精神适合做秘密警察的工作，他告诉警方在路易·菲利普登基的头几年，作为一名涉世未深的年轻人，他受政治激情的驱使加入了"人权社"，不久之后进入军队，后因导演一出暗含政治寓言的戏剧受到了惩罚，德拉奥德因这两件事情在军队中暴得大名,他借此与共和党领导人取得了联系,其中之一的马拉斯特曾经希望他在军队中鼓吹革命。1835年,德拉奥德退役后回到巴黎继续学习法律,遂受邀加入了另一个共和党秘密会社——"家庭社"。德拉奥德承认直到此时他才幡然悔悟,开始认识到自己原来只不过是供他人使用的工具而已,而利用他的人中的大部分如若不是事业上的失败者,便是破开的丝线,他们希望将国家引向迷失状态,而他则要"诅咒自己曾经疯狂的拥抱过的流血和破坏的原则"[1]。1848年3月14日晚上9点,科西迪耶尔召集共和党人,在卢森堡官阿尔伯住处设立了临时法庭,对德拉奥德进行了审判,后者在证据面前终于承认了皮埃尔档案中记录的事实,但他为自己辩解道,他是在某一个绝望的时刻才投入了警察的怀抱,而且他也只为警方撰写报告,而不是煽动者,更没有在逮捕任何一位共和党人方面负有责任(*M*, 155)。在德拉奥德的身份暴露之后,谢努与旧警察皮奈尔先生的暧昧关系也马上呈现在科西迪耶尔的眼前。这个混迹巴黎街头的不良少年曾经因偷盗被判强制劳动8年,后来在应征入伍不久就开了小差。当他再度被抓入狱时,警察皮奈尔利用了其畏惧惩罚的心理,把他

---

[1] Marc Caussidière, *Mémoire,* vol.1, Paris: Michel Lévy Fréres, 1849, p.132.

变成了潜藏在共和党中的煽动者。在密探身份被暴露之后，谢努像他的旧同事德拉奥德一样痛哭流涕、扭捏作态，表示如果让他到比利时继续做制鞋匠，他将痛改前非、重新做人（M, 157）。然而，负责调查谢努的警察总监阿拉尔告诉科西迪耶尔，"这是一个恶劣和危险的流氓"（M, 157），不出所料，后来被发配至远征德国的法国志愿军团的谢努马上改变了嘴脸，撰写了揭露和诋毁科西迪耶尔和阿拉尔的小册子《密谋家》。

在谢努的笔下，在卢森堡宫阿尔伯处审判德拉奥德的一幕具有非常戏剧化的效果。1838年3月14日晚，刚刚做过手术卧床休息的谢努收到了科西迪耶尔的一封信，要求他务必于当晚10点①赶到卢森堡宫开会，但信中并未申明开会的事由。警察局长在信末特别嘱咐："不得缺席，此事与你有关。"② 由于提前得到消息，警察局有人就谢努本人的投敌嫌疑整理了一份秘密报告，所以科西迪耶尔的信令他非常警觉，他立刻怀疑这是山岳党

---

① 关于开会的时间，三个人的说法并不一致，科西迪耶尔说是晚上9点，谢努说是10点，而德拉奥德说是"近8点"，这或许出于科西迪耶尔的精心安排？根据后者的回忆，德拉奥德的确是首先来到卢森堡宫的，两人共进晚餐，随后步行至阿尔伯的寓所（M, 154）。

② Adolphe Chenu, *Les conspirateurs. la sociétés sécrètes. la préfecture de police sous Caussidière. les corps francs,* 2 éd., Paris: Garnier Frères, 1850, p.146.

人的一场密谋,目的是将他引诱至卢森堡宫加以暗杀。于是,他匆忙将四支手枪藏掖在厚呢大衣中,并随身佩带了马刀,而且还召集了一支由五六十人武装起来的队伍随行,让他们分两队埋伏在阿尔伯寓所附近以备自救(L, 146)。接下来发生的事情便是马克思和恩格斯在书评中直接引述的那段文字所描述的惊心动魄的一幕,我们在此不予赘述。然而谢努的厄运并未就此终止,因为科西迪耶尔早就洞悉了谢努叛卖行为,眼下对他下手的时刻到了。在卢森堡宫这场大戏即将落幕之时,谢努用颤抖的双手在德拉奥德的判决书上签下了最后一个名字,这一切都被科西迪耶尔看在了眼里,他甚至发现谢努的笔迹几乎无法辨认(M, 156)。1848年3月6日,《国民报》派的领袖马拉斯特被任命为巴黎市长,谢努被人发现多次出入于市政厅,科西迪耶尔因此怀疑他与政敌有染。有一天,他把谢努招来当面讯问,后者坚决否认自己曾经会见过这位《改革报》派的敌人,但科西迪耶尔还是以"共和党内有人讨厌你"为由将谢努派到了在比利时的法国军团(L, 159)。面对科西迪耶尔的揭露和惩罚,谢努和德拉奥德的反应是非常一致的。受科西迪耶尔的派遣,艾尔威和阿拉尔两位警察来到伦敦和流亡在那里的七月王朝警察德莱赛尔和皮奈尔取得了联系,从他们那里获取了有关谢努和德拉奥德充当密探的信息，在谢努和德拉奥德看来，这种做法本身就是对他们"忘恩负义"的报复行为，德拉奥德甚至质问道："我并不想（像科西迪耶尔那样——引者）在警察局里豪饮，我也并不梦想社会动荡、鲜血流淌和盲众的独裁，为什么他们要出卖我？难道他们要扼杀我倾向秩序思想的行动，如若不是杀掉我本人的话？"[1] 为此，谢努和德拉奥德不惜把这位警察局长描绘成为一个粗鄙、傲慢和弄权的形象，马克思和恩格斯摘取了两位作者的数段文字并对它们进行了精彩的分析（《全》，2/11，337—341）。

科西迪耶尔、谢努和德拉奥德三人同属于《改革报》阵营，他们之间似乎永远处在相互怀疑当中，彼此争相将对方视为密谋家，这使得他们无法形成统一的思想和行动策略，而在具体的组织和实践方面，共和党派秘密团体内部也时刻面临着分裂和分化的局面。这里我们选取成立于1830年、在1832年逐渐壮大起来的"人权社"为例来说明上述情况。为了规避刑法第291条有关任何会社人数不得超过20人的条款，"人权社"条例将社员们划分为10至20人不等的"部"，每个"部"均设

---

[1] Lucien Delahodde, *La naissance de la république en février 1848*, 2 éd., Paris: Chez L'Éditeur, 1850, pp.101-102.

"首领"和"副首领",每个"部"包含三个"五人组",每个"五人组"分别管理4到5个"部员",每个部单独决定开会的时间,每次会议持续的时间不能少于两个小时,由部首领确保每次会议所讨论的内容不偏离相关的话题,"五人组"负责通知部员们召开特殊的会议,并组织战斗。每个部都会被赋予一个有特色和具有挑战性的名称,诸如"马拉""圣鞠斯特""罗伯斯庇尔""吉伦特派的衰落""山岳党人"等等（*B*, 66—67）。1837年夏天成立的"四季社"是组织更为紧密一些的工人组织,其目的是加强训练。在基层,"四季社"包含6个由男性组成的分部,名为"星期",每个"星期"均由被称为"星期日"的人来领导,每4个"星期"组成"月",每个"月"的领导者为"七月",4个月便形成一个"季",其首领为"春天",每4个"季"构成一个"年",他们分别有三位"革命官员"领导:布朗基、巴贝尔和伯纳德。在三位"革命官员"之上,还设有一个由强权人士组成的、神秘的"执行委员会",直到起义那一天这些强权人士才能露面（*B*, 119）。尽管有了严格的层级管理体系,但是"四季社"的领导层还是出现了分裂,后者在街垒战中造成了非常严重的后果。1839年5月起义虽然事先经过了较为周密的准备,但这也只是保证了起义在最初阶段的迅速进展而已。接下来的战斗便趋于缓慢乃至停滞不前。官方的记录是这样描述起义中期的战况的："布朗基试图发出命令制止逃跑，战场上的每个人都在喊叫，每个人都想指挥战斗，可是没有一个人听从命令，巴贝尔指责布朗基允许每个人都可以逃跑，布朗基则指责巴贝尔的缓慢打击了人们的士气。"（*B*, 125）二月革命前夕，当原本由王朝反对派发起的旨在扩大选举权的"宴会运动"的发展超出了君主制的想象界限，向有利于共和派的方向逆转时，以《国民报》编辑马拉斯特为首的自由共和派号召人们参加这一运动并一举推翻君主制度。1848年2月21日晚9点，也就是在巴黎人民即将走上街头举行示威游行的前夜，《改革报》派紧急召集会议商讨对策。参加这次会议的共有七八十人，其中有该报的编辑、民主派领袖人物、学校代表，还有工人精英。赖德律-洛兰、路易·勃朗、埃德加·魁奈、科西迪耶尔、雷上校、艾提昂·阿拉古、鲍奈、弗洛孔等等都先后到场。会议主席弗洛孔首先说明议题，之后鲍奈第一个登台发言，他认为王朝反对派在宴会运动高潮时的退缩并不能使人民因此而退缩，全民参与示威游行将有利于推动民主的进程，相反，因畏惧政府的威胁而拒绝参加宴会运动将会危及自由的未来。接着发言的达尔顿·希控诉了王朝反对派在政治上的懈怠，他的话分明在鼓动人们不惜冒险上街，碰碰运气。然而，在即将到来的冲突中究竟谁是可以依靠的力量这个问题上，他也承认自己茫然无知。拉格朗日主张参与示威游行，并在示威游行中寻找成功的机会。以上三人的发言得到了与会人员的鼓掌赞扬，大家的精神顿时被调动起来[1]。但是随着大人物的出场，会议的气氛立刻凝重起来。沉思良久的路易·勃朗带着忧郁的表情说道："我自问我们是否有权在对民主无益的情况下糟蹋人民的鲜血。假如明天人民放弃了将自己推向前面的人们走向街头，那么他们必将被政府剿灭，于是民主将被淹死在血泊里。"[2]因此，一方面，他坚决不主张与已经和王朝反对派达成妥协的《国民报》派合作，另一方面，他号召共和党人积蓄人民力量，以便寻找更为合适的机会发动人民起义。路易·勃朗的发言结束之后，从巴黎街头巡视归来的科西迪耶尔和雷上校告诉大家，巴黎市民上街举行示威游行的趋势无论如何也无法阻挡，我们不妨加入他们的队伍，无论事情究竟是朝好的还是朝坏的方向发展。这样一来，刚刚被路易·勃朗的讲话打消了的士气又被重新鼓舞了

---

[1] Bernard Sarrans, *Histoire de la révolution de février 1848,* vol.1, Paris: Administration de librairie, 1851, pp.283-284.

[2] Lucien Delahodde, *La naissance de la république de février 1848,* 2 éd., p.44.

起来。最后出场的是赖德律-洛兰。鉴于政府的态度和马拉斯特派的脱逃以及日趋复杂的危机，他建议共和党与其鼓动人民示威游行而陷于敌人制造的陷阱和悬崖，不如暂时压制住心中的怒火，继续等待和观察事态的发展。这位律师出身的议会代表的意见最终占了上风，接着与会者纷纷开始劝说亲友们第二天不要上街。无论是在革命前举行的动员会议，还是革命后于卢森堡宫进行的审判，激进共和党派的聚会都刻意选择在晚上举行，而且会议往往持续到深夜才告结束，参加会议的人总是那些最具革命冲动和激情的领导者，他们被马克思和恩格斯称之为"职业密谋家"。难怪伯纳德·萨朗会这样置评："《改革报》的会议……更像是一场密谋，而非政治会议，一切都显得阴暗、压抑，气氛近乎一种神秘"①，须知，说出这番话的人曾在1848年4月当选制宪议会代表，六月起义后站在左派立场上反对针对路易·勃朗的政治迫害。赖德律-洛兰和路易·勃朗领导的小资产阶级共和派在二月革命中的犹豫态度，使亲历本次会议的警方密探德拉奥德也对其参与临时政府的政治合法性提出了质疑。"迄今为止，没有一位爱国者提到这次会议，……那些声称是二月革命组织者的人很有理

---

① Bernard Sarrans, *Histoire de la révolution de février 1848*, vol.1, p.286.

由不去吹嘘它"①，其言辞中的讽刺意味不言而喻。

三、浪荡汉或波希米亚文人

谢努乃混迹于巴黎街头的浪荡汉，然而在当兵、开小差、起义、暴动、入狱、逃亡的复杂经历中，他练就了一种敏锐的观察、判断和思考能力，能够在熙熙攘攘的人群当中捕捉到某一形迹可疑之人，并以细腻生动的文字将其独特的面貌和琐屑的行为准确地刻画出来。在一个大雨滂沱的夜晚，德拉奥德在河边来回踱步的身影引起了在街头巡逻的谢努的注意，他的想象和猜想很快便得到了证实：佯装等人索债的德拉奥德实际上是在等待警察付给他做密探所得的酬金。为此，马克思和恩格斯不惜大段引用谢努的文字，而且不无赞赏地说道："谢努这本书的文笔就叙述的朴实和生动来说，在许多地方可以和吉尔·布拉斯媲美。"（《全》，2/11, 331）这位科西迪耶尔的前警备队长的回忆录在1850年2月出版之后引起了很大反响，仅在巴黎一地，它于当月一个

---

① Lucien Delahodde, *La naissance de la république en février 1848*, 2 éd., pp.40-41.

月内就印行了两版①，除了容易引起人们兴趣的内容之外，恐怕作者不俗的文笔也是其之所以倍加流行的原因。还是让我们来欣赏一下吧：

> Entrainés à toute vapeur, nous voyions d'un côté fuir la haute flèche de Strasbourg, de l'outre côté se développer le majestueux panorama des Alpes-Rhénanes, dont les cimes lointaines se perdaient dans l'horizon.②

> 雾气弥漫四周，我们从一侧看到，斯特拉斯堡教堂高耸的尖顶向身后退去，而在另一侧，壮丽的莱茵-阿尔卑斯山绵延开来，远处的群峰消失在地平线上。

被科西迪耶尔驱逐出法国的谢努，在乘坐火车时也不忘借窗外的美景排遣心头阴暗的情绪："退去"法文原文为"fuir"，意为"逃脱"，"消失"的原文为

---

① *Karl Marx Friedrich Engels Gesamtausgabe (MEGA²)*, 1.Abt. B.10, *Apparat*, Berlin: Dietz Verlag, 1977, p. 883.

② Adolphe Chenu, *Les conspirateurs*, p.186.

"perder",意为"失去",从这种细腻的修辞中,我们仿佛看到了一个踌躇满志的士兵从战场上铩羽而归的颓败的身影。

八十年后,本雅明发现了一个和谢努与德拉奥德一样徜徉在巴黎街头的波希米亚诗人,他将这座"20世纪首都"写进了抒情诗里,此人正是波德莱尔。1848年2月24日夜间,布里松非常吃惊地发现他的朋友在布西街十字路口加入了抢劫武器商店的队伍,"手持一支崭新锃亮的连发手枪和一个棕色皮质弹夹",站在共和派竖立的街垒一边,嘴里不停地高呼:"应当去枪毙奥皮克将军(其继父——引者)!"[1]诗人将革命年代流行的口号式的浮夸言辞一直保留到了生命的最后。在比利时写下的一束札记中,本雅明发现了这样的字句:

> 跟他们(指盲信者——引者)谈论革命,定会令其惊恐万分。我若同意做一个共和党人,这会让有识之士感到不快。对,革命万岁!然而永远如此!但我不是傻瓜,我也从来就不是傻瓜!当我喊革命万岁时,我是在喊破坏万岁!报应万岁!惩罚

---

[1] E. & J. Crépet, *CH. Baudelaire, Etude Biographique,* 3éd., Paris: Leon Vanier, 1908, pp.78-79.

万岁！死亡万岁！我不但乐于做牺牲者，而且也不为做刽子手而感到怨恨——目的是为了以两种方式来感受革命！我们的血管里都流淌着共和精神的血液，如同骨头里的天花一般，我们都被民主和梅毒感染了。①

这应该就是1848年革命中巴黎小资产阶级知识分子的心态：七月王朝时期郁积在人们心头的不平和愤懑在街垒战这种与对手短兵相接的瞬间得到了宣泄，战斗愈发暴力，人们的情绪宣泄就愈发彻底，那么战斗持续的时间也就越是短暂：像1830年起义一样，二月革命也仅仅持续了三日。本雅明用福楼拜的话概括了这一典型的"革命心态"："在一切政治当中，我只懂得一件事情——反抗。"② 为反抗而反抗，为革命而革命，这是一种将革命非政治化、非道德化，或者说将政治审美化的态度，它跟波德莱尔在二月革命时期主张"为艺术而

---

① Charles Baudelaire, *Oeuvres posthumes*, Paris: Société de Mercvre de France, 1908, p.287. 本雅明把文中的"vérole"（"天花"）误译为"Syphilis"（"梅毒"），详见 Walter Benjamin, *Gesammelte Schriften,* I·1, Hrsg. v. Rolf Tiedemann und Hermann Schweppenhäuser, Frankfurt am Main: Suhrkamp, 1974, p. 515.

② Walter Benjamin, *Gesammelte Schriften,* I·1, p.515.

艺术"的原则是一致的。本雅明由此发现了在诗人那里政治和艺术的同一，这样一来，我们便不难理解，当人们盛传波德莱尔在布鲁塞尔期间（1864年4月至1866年7月）曾一度充当过法兰西第二帝国的警方密探时，为什么诗人不但丝毫不加避讳，反而有意扩散甚至是吹嘘这个"谣言"。马克思和恩格斯非常了解波德莱尔们的矛盾心理，在那篇著名的书评里，他们说，密谋家既仇视高高在上的资产阶级，也憎恶穿着"黑色燕尾服"的人，他们才是"有教养的""党的正式代表"（《全》，2/11, 334）。《恶之花》中有两首诗表现了波德莱尔内心对待革命的态度，本雅明说，诗人刻意逃避用文字来讨论和分析它：

> 我幸福犹如君王；
> 大气纯净，天空令人神往……
> 爱上她的那一刻
> 我们仿佛置身于夏日的骄阳！[1]

---

[1] Charles Baudelaire, «Le vin de l'assassin», dans *Œuvres complètes,* vol.1, Texte établi, présenté et annoté par Claude Pichois, Paris: Gallimard, 1975, p. 107.

这首诗题为《醉酒的杀手》的诗歌写于1848年11月。当时，六月起义的枪声刚刚远去，街垒战中失败的工人倒在血泊中的身影还依稀浮现在诗人眼前。不久之后，路易·波拿巴将当选法兰西第二共和国的总统。诗人以"醉酒的杀手自比"，与"尸骸""毒药""锁链"和"眼泪"做伴，陶醉于杀死自己妻子的欢乐之中，而"妻子"正是他爱恋的对象。"没有任何人能够理解我，无数愚蠢的醉鬼中的一个，难道在这些垂死的暗夜里，他想用醇酒织就一件尸衣？"[1] 直到1854年12月，已经生活在"第二帝国的天空"底下，波德莱尔依然在夜晚的巴黎街头出神地凝望着革命者：

> 人们看到一个拾垃圾者走来，脑袋摇摇晃晃，
> 磕磕绊绊，像一位诗人一头撞在墙上，
> 无心顾忌那些密探和他们的目标，
> 只把满腔的心血投入到宏伟的计划上。[2]

本雅明把诗歌中的"拾垃圾者"视为深受葡萄酒

---

[1] Charles Baudelaire, «Le vin de l'assassin», dans *Œuvres complètes,* vol.1, p.108.

[2] Charles Baudelaire, «Le vin des chiffonniers», dans *Œuvres complètes,* vol.1, p.106.

税之害的城市平民，这项赋税从旧制度时期一直延续到七月王朝，虽然法兰西第二共和国的制宪议会曾经通过议案短暂地取消过它，但声称代表农民利益的第二帝国又重新把这个负担加在了人民头上。"葡萄酒开启了无产者实施有力的复仇和为未来赢取荣光的梦想"①，本雅明进一步把"拾垃圾者"认定为"人类苦难的挑战者形象"即马克思和恩格斯所说的"流氓无产者"（*GS*, I·1, 1145）。1854年1月，波德莱尔的朋友皮瓦·丹格尔蒙在其《巴黎轶事》一书中记载了有关"将军号"舰队的事情。作者说，"拾垃圾者"实际上是指这样一个人：他在每天晚上狂饮"12升葡萄酒"和"15或20大杯烧酒"在勒唐普尔（吉伦特省）市郊投入想象中的战斗。由于该书面世较晚，波德莱尔的灵感并非来自这则故事，但他曾经与这位作者朋友相伴一起去参观过"将军号"舰队的载人仪式，他一定听说了"拾垃圾者"的传奇②（*GS*, I·1, 1145）。基于此，我认为，"拾垃圾者"呈现的恰恰就是波德莱尔本人的诗歌形象：夜幕降临，在巴黎某个街头。一位受苦受难的"革命者"佝偻驼背、步履蹒跚，一门心思地谋划着一个惊世骇俗的行

---

① Walter Benjamin, *Gesammelte Schriften,* I·1, p.521.
② Charles Baudelaire, *Œuvres complètes,* vol.1, p.1048.

动，却丝毫没有留意到形迹可疑的自己实际上已经暴露在警方密探的眼前。马克思和恩格斯笔下的密谋家自然也包括了像波德莱尔这样的波希米亚文人[①]：双目微闭，凝神沉思，他们处心积虑地筹划着如何行动，革命在他们那里"成为毫不具备条件的即兴之作"。

在两位无产阶级导师看来，布朗基和布朗基主义者是职业密谋家的极致，"他们醉心于发明能够创造革命奇迹的东西"（《全》，2/11, 334），然而波希米亚文人的"密谋"却无法找到实现的途径，只能让愤怒的情绪在胸中不断地郁积起来，于是，在他们的圈子里形成了一种被本雅明称之为"大话崇拜"（culte de la blague）的东西。45岁的诗人波德莱尔在致母亲的信中说："如果永远也无法追回可以供我任意挥霍的青春和力量的话，我就会写出几部惊世骇俗的著作来减轻心中的怒火。我宁愿让全人类都恨自己。我将从中得到那使我得

[①] 在这里我们的解释与本雅明之间出现了偏差，他说："拾垃圾者当然不能算作波希米亚人。然而从文人到职业密谋家，那些属于波希米亚人的均可从他身上发现自己的一部分。"(GS, I·1, p.522)

到全然慰藉的快乐。"① 马克思和恩格斯领略过德拉奥德的夸张口气,后者声称自己长期混迹在共和派的秘密会社里,缓和了他们的激进态度。"根本谈不上对革命有所了解"的谢努竟然夸下海口,说只用一封恐吓信就使自己的上司警察局局长科西迪耶尔释放了他,而后者不但喜欢用言辞来恐吓下属,而且还习惯于以"大人物"口吻说他可以按照自己的"意愿把群众发动起来反对资产阶级"(《全》,2/11, 340)。

在法国文人中流行的"大话崇拜"漂洋过海传到了伦敦,从1848年三月革命到1851年,据可靠的统计数据,在这个"收容各国流亡者的最大城市"的德国人聚居区里生活着9566人,这个数字到1861年上升至12448人②,其中多数人是工人移民和政治流亡者。在这些流亡者中,小资产阶级知识分子占有相当大的比重,由于各自的政治观点不同,他们形成了以阿诺德·卢格为首的民主派、以金克尔为首的共和派,还有从共产主义同

---

① Charles Baudelaire, *Correspondance,* II, Texte établi, présenté et annoté par Claude Pichios avec la collaboration de Jean Ziegle, Paris: Gallimard, 1973, p.353. 本雅明的译文是:"如果我能再度找回曾经拥有的青春和活力的话,我将写出几部惊世骇俗的著作来发泄心中的怒火……"(*GS*, I·1, p.516) 这和波德莱尔的原意显然不符。
② Christine Lattek, *Revolutionary Refugees. German Socialism in Britain, 1840–1860*, London: Routledge, 2006, p.7.

盟中分离出去的维利希·沙佩尔"特殊集团"。1848—1849年欧洲革命失败后,马克思和恩格斯有意要揭露这群流亡伦敦的、对革命有害而无益的德国小资产知识分子。从1852年2月开始,在杜隆克和恩格斯的帮助下,马克思陆续推出了几则"性格速写"。谈到对这些人的政治态度,他后来说,"在手稿中,我们抨击了时髦的空论家,……当然不是因为他们是危害国家的革命者,而是因为他们是反革命的败类"(《全》,2/11, 50)。4月,流亡伦敦的匈牙利革命者雅诺什·班迪亚假托德国出版商艾泽曼向马克思约稿,于是后者打算把这些零散的手稿汇集成《流亡中的大人物》一书予以出版。有关金克尔的内容占据了全书四分之一强的篇幅。这位新教福音派神学家、诗人和作家自1848年5月以来,通过创办《波恩报》和"民主协会"宣传共和思想成了虚幻的"德意志共和国"的象征。他曾经因参加西格堡起义(1849年5月)和巴登起义(1850年4月)多次入狱,并在一夜之间迅速跃升为德国革命的象征。金克尔于1850年底在朋友舒尔茨的帮助下成功逃亡伦敦,并在那里又成了德国流亡者的政治领袖之一。在政治小册子的写作方面,金克尔鼓吹以取消资本主义竞争的方式来解决社会冲突;在文学创作方面,他喜欢以华丽和空疏的辞藻表现"大人物"的傲慢和虚伪的感伤。即使在爱情受挫之时，金克尔也不忘以想象中自己未来将要达到的名望自居，向对方施以情感的敲诈：

> O, nein! Diese Himmelsblüthe, die ja kaum ihre ersten Blätter noch aufgethan, duftet schon so süss. Wie, wenn die Maiensonne (*sic.*) der Liebe oder der glühende Sommerstrahl männlicher Kraft ihre innere Kelchblätter entfaltet, wie muss dann erst der Farbenglanz und Duft aus ihr hervorblühen! O, wie könnte Sie mir verloren gehen?[①]

> 呵，不！这朵天上的花朵刚刚吐出柔嫩的花瓣就散发出如此浓郁的芳香。当爱情那疯狂的太阳，抑或犹如夏日骄阳一般的男性力量揭开她内心的花瓣之时，又将会怎么样，更何况耀眼的色彩和芬芳必然要从中绽放出来呢！呵，您怎能离我而去呢？[②]

[①] Adolph Strodtmann, *Gottfried Kinkel, Wahrheit ohne Dichtung, Biographische Skizzenbuch*, Bd.1, Hamburg: Hoffmann und Tampe, 1850, p.40. 文中的"maiensonne"显然是"manie"的误排。马克思没有完整地引用这句话，详见*MEGA²*, I/11, pp.226-227.

[②] 笔者自译。另参照《全》, 2/11, 284。

金克尔还喜欢用自己多次坐牢和逃亡的经历博取公众的同情和敬佩的眼泪，这些经历反过来为他赢得了巨大的政治资本。诗人生活在自己及其信徒以及"金克尔基金会"制造的幻影之中，这徒然增加了他面对普通民众时的那种骄横和傲慢。在普鲁士军事法庭上，他抗议"把我的行为同革命到最后不幸沾上的污垢和淤泥（我知道这一点）相提并论"（《全》，2111，312）。那么，什么是他眼中的"污垢和淤泥"？马克思没有交代其中的细节，我们在此予以补充。在拉斯达特被捕之后，金克尔于1849年8月4日以"持枪对抗政府军""侮辱普鲁士国徽"等"战争叛国罪"被判终身监禁[①]。然而，政府军许多将领觉得这个判决结果太轻，于是他们要求处之以死刑。但是由于以普鲁士民族主义者恩斯特·阿连特为首的1100名波恩市民签名向国王请愿，金克尔最终在当年10月被改判有期监禁[②]。由此我们可以想见上述辩词在其中所起的作用：金克尔一方面不惜以背叛革命为代价把自己与其他革命者切割开来；另一方面他试图以此来洗刷自己身上的罪责，站在道德的圣坛上藐视一

[①] 军事法庭判决书（1849年8月4日），详见Joesten, *Gottfried Kinkel, sein Leben, Streben und Dichten für das deutsche Volk*, Köln: 1904, p.75

[②] Joesten, *Gottfried Kinkel, sein Leben, Streben und Dichten für das deutsche Volk*, p.76.

般大众，从而把自我加以神圣化。具有讽刺意味的是，《流亡中的大人物》的手稿最终也未能在两位著者生前出版，但是，它却经过另外一个"大人物"之手被出卖给了普鲁士政府，这个人就是班迪亚。班迪亚口称的"科勒曼出版社"根本就子虚乌有，而他本人从1840年代初期就已经加入了国际密探的行列，曾经为德国、法国、匈牙利和英国等多国政府效力。从1850年5月开始，他以新闻记者的身份混迹于伦敦各国流亡者中间，对他们的一举一动非常熟悉。马克思后来甚至怀疑正是班迪亚向普鲁士警察总监透露了自己撰写《揭露科隆共产党人案件》一书的消息，导致该书在瑞士边境遭到了扣押①。

集波希米亚文人与小资产阶级共和派政客于一身的金克尔，与谢努、德拉奥德和科西迪耶尔一样都习惯自视为推动历史运动的"大人物"，他们不愿关注现实，或者毋宁说，他们习惯将现实看成是幻象，而视幻象为现实。在本雅明看来，这是理解波德莱尔那样的19世纪巴黎波希米亚文人们的金钥匙。1926年春天，当本雅明第一次来到巴黎时，这座城市的氛围就深深吸引住了他。翻译普鲁斯特的计划似乎被暂时忘却了，本雅明

---

① „Zur Rolle Bangyas", $MEGA^2$, I/11, pp.800-805.

像1840—1850年代的波德莱尔一样漫无目的地穿梭于巴黎大大小小的书店、咖啡馆、博物馆和工人居住区之间，开始对巴黎街头的通俗文化和现代艺术表现出浓厚的兴趣[1]。1928年秋天或者冬天，本雅明开始搜集相关材料，为撰写他一生最重要的著作——《拱廊书》作准备。按照作者的预想，这是一部系统研究19世纪巴黎文化的著作。然而，在接下来的数年时间里，本雅明一直被一个理论问题所困扰：如何将自己早先得到的超现实主义灵感与历史唯物主义思想融合起来[2]？1933年初，德国法西斯的日益猖獗，本雅明作为犹太人失去了为文学杂志撰稿糊口的机会，3月他被迫流亡巴黎。1934年4月，由于接受了已经迁往美国的法兰克福社会学研究所的资助，本雅明在巴黎的生活渐渐有了改善，于是他重新接续了《拱廊书》的写作工作。同时，与阿多诺和波洛克之间的多次书信讨论也给他的研究带来了新的方法，即社会史的视角。1935年5月，他向研究所提交了《拱廊书》一书的论纲——《巴黎，19世纪的首都》，这部著作是本雅明最后20年研究工作的里程碑，

---

[1] Howard Eiland and Michael W. Jennings, *Walter Benjamin: A critical life*, Cambridge: The Belknap Press, 2014, pp.251-252.

[2] Howard Eiland and Michael W. Jennings, *Walter Benjamin: A critical life*, p.287.

其最初的题目是《19世纪巴黎城市的社会史》(*GS*, V, 1097)。漫游在巴黎街头，本雅明不像正统的马克思主义者那样去关心那一眼望去无法看见的阶级斗争和意识形态内容，相反，他善于捕捉城市中那些令人痴迷的"文化物品"，诸如拱廊、街道、绘画、居室、街垒等等。它们并非简单的物品，而是映照在虚假的光芒之下的东西，由于笼罩物品的光芒过于耀眼，以至于它们都成了"幻象"(Phantasmagoria)。"幻象"是《拱廊书》的核心主题，在本雅明看来，19世纪是一个不断制造幻象的世纪："资本主义是一个自然现象，它给欧洲带来一种新的梦境，复活了一种神话般的力量。"(*GS*, V, 494)首先，"幻象"是作为生产者的人制造出来的物件或商品本身，可是在它被制造出来之后，其交换价值遮蔽了真实的使用价值，因此，我们所看到商品只是它呈现出来的外在或表面特征，而非制造商品的使用价值所需的社会必要劳动和交往关系，换句话说，"幻象"是被人为制造出来的，但由于脱离了它从中被生产出来的社会现实，转而成了与人自身对抗的、带有欺骗性的假象。其次，"幻象"具有双重意义或暧昧性，它是通过"这个时代的社会关系和生产活动而发生的"。因此本雅明说"暧昧性是辩证法借助意象的显现，是辩证法处于静态时的法则。这一静态就是乌托邦，而辩证意象就是梦幻意象"（*GS*, V, 55）。在这里，我们可以看出，本雅明没有采用正统马克思主义的做法，把事物及其意象置于直接的决定性关系中，而是通过辩证法这个转盘将我们对二者关系的理解复杂化和合理化了。在1935年5月第一次提交"论纲"时，本雅明对"幻象"的界定已经超越了唯心主义的解释方式，换言之，它已经迈出了黑格尔的纯粹精神世界，被置于19世纪真实的资本主义世界当中。"幻象"的制造者不再是精神或黑格尔的"绝对精神"，也就是说，它不再是意识或自我意识的产物，而是社会劳动以及作为社会劳动积累的资本，只不过它脱离，或者准确地说，是被劳动所创造的商品推向了精神世界而已，因为商品在其使用价值之外又被赋予了"新奇"的品质，本雅明说，"它（指新奇——引者）是幻象的根源，是那些意象无法转让的东西，它使集体无意识浮现出来"（*GS*, V, 55）。这样一来，"幻象"就由被人制造出来的客体翻转为主体，开始行使制造者的角色，"这一意象（指"幻象"——引者）直接将商品设置为偶像或物神，它设置了拱廊、居室和街道"（*GS*, V, 55）。此处"设置"的德文为"stellen"，我们应取其"aufstellen"（展示）、

"hervorstellen"（凸显）之义①："幻象"设置商品、拱廊、居室和街道，这意味着将其置于梦幻的氛围之中，使之变成特定文化的符号和象征，从而成为被本雅明称之为资产阶级陶醉于其中的"文化史的幻象"，以上就是本雅明在1935年所理解的唯物主义史观。这显然与波洛克和阿多诺所理解的社会史有别，于是，在"1939年论纲"中，作者删去了上述对"幻象"所作的"不够唯物主义"的解释，把波德莱尔对商品"幻象"的新奇追求替换成了诗人在《七个老人》中呈现的一个有关城市贫民的"痛苦幻象"（*GS*, V, 71）。

本雅明试图在19世纪巴黎城市物质生活的真实图景中解释波希米亚诗人和艺术家们的生活状态和政治态度，毋庸置疑，其灵感源自马克思和恩格斯那篇著名的书评。然而，马克思和恩格斯尝试从小资产阶级的道德入手，解释其不顾现实约束而热衷于政治密谋和政治幻想的特点，而本雅明认为小资产阶级对"幻象"的嗜好、偏爱和痴迷源于资本主义或商品经济本身的创造，更重要的是，小资产阶级在热衷于创造种种"幻象"的

---

① 海德格尔从拉丁文"ponere"或古希腊语"Φέσις"的意义上解释"stellen"，即"将某物展示在无蔽状态中"，详见Martin Heidegger, *Gesamtausgabe* Bd.5, *Holzwege*, Hrsg. v. Friedrich-Wilhelm von Herrmann, Frankfurt am Main: Vittorio Klostermann, 1977, p.70.

同时，陶醉于其中而不能自拔，乃至于招致了商品拜物教的症候。在本雅明看来，这正是导致小资产阶级政治惰性的根本原因（GS, V, 70）。自马克思那里汲取的灵感也延伸到了本雅明对波德莱尔艺术理论的解释。在"1939年论纲"中，他说，波德莱尔把"极为新奇的东西作为极为古老的东西展现给读者"（GS, V, 72）我们不会忘记，马克思和恩格斯视职业密谋家为"昔日的炼金术士"，"他们醉心于发明能够创造革命奇迹的东西：如燃烧弹，具有魔力的破坏性机械，以及越缺乏合理根据就越神奇惊人的骚乱等"（《全》，2/10, 334）。用本雅明的话说，这些具有魔力的武器和神奇效果的事件，还有浑身散发出陈腐气息的炼金术士都是小资产阶级制造出来的"幻象"，是久已死去的"幽灵"。

四、幽灵

在1840年代，法国共和派秘密会社在准备发动街垒战的前夕，密谋家们会在他们秘密接头的咖啡馆里集体发誓。例如，"家庭社"在1836年暴动前的誓词就包含了下面的语句："我们将汇集人民的一切力量拧成一股绳……拿起枪来推翻背叛国家的政府。"①德里达提示我们注意"conjuration"（"密谋"）和"jurer"（"发誓"）两个法语词汇的同源性。德文的"Verschwörung"和"Schwur"也是如此。这位解构主义者指出，"conjuration"包含两层相反的含义，首先它指一群人聚在一起，秘密地庄严发誓要推翻最高权力，在这个意义上，英语"conjure"是指借助于具有神奇力量的咒语来召唤某种魔力和精灵到来。其次，"conjuration"还指神奇的驱魔活动，其目标在于驱逐已经被召唤或召集而来的恶魔②。"密谋"在法语中还有另一个近义词即"conspiration"，基佐在1822年出版的一部词典中对二者作了区别，前一类密谋活动的目标多为个人和小集团，后一类则直指国家和政府③。对于密谋的两层意思，马克思和恩格斯自然明白。在为谢努和德拉奥德撰写的书评中，他们有意选择"conspiration"而非其近义词"conjuration"，恐怕一是出于从道德上对小资产阶级的密谋家们表示鄙视，二是要把驱逐魔鬼和

---

① *Gazette des Tribunaux*, 3 août 1836.

② Jacques Derrida, *Spectres de Marx: l'état de la dette, le travail de deuil et la nouvelle international*, Paris: Galilée, 1993, pp.71-77.

③ François Guizot, *Nouveau Dictionnaire universel des synonymes,* vol.1, Paris: Chez Aimé payen, 1822, p.149.

幽灵的任务交到自己手上，这是无产阶级密谋家不可推卸的责任。

驱逐幽灵的任务首先在于弄清楚幽灵究竟是如何降临的问题。自《德意志意识形态》（1845—1846），尤其是自批判施蒂纳极端利己主义哲学之时，这项工作就已经开始。施蒂纳把（利己主义者的——引者）自我成长史划分为两个阶段，1.儿童是唯实主义，他只承认现实中真实存在的事物，因此受制于它们；2.青年是唯心主义，他抛开了上述"外部事物"，沉迷于自己的精神世界。由儿童向青年跳跃基于"第一次自我发现"："我"认识到自己是超越现实事物之上的精神，于是挣脱了现实生活，变成了精神本身。虽然"我"就是精神本身，但还是"不完善的精神，并且还必须寻找完善的精神"，因为"精神就如此力求成为一切中的一切"。这个外在于并对立于作为青年的精神的精神又是什么？施蒂纳认为，唯有这个超脱精神之外和之上的精神才是"真正的和真实的精神"，它是精神的理想和"神圣的精神"。只有摆脱不完善的精神，才能将"世界作为我心目中的世界来把握，作为我的世界、我的所有物来把握"，也唯有如此，自我才能最终由青年过渡到"成人"。简而言之，自我的发展就是自我神圣化的过程，因此马克思称施蒂纳为"圣麦克斯"。在将全部的世界纳入自己手中从而成为神圣的精神之后，自我回过头来发现自己不但是神圣的精神，而且还是"肉体的精神"（leibhaftiger Geist），于是，这个"第二次发现"使自我回归了现实中的享乐生活[①]。马克思接连拆穿了施蒂纳在"思辨"过程中不断变换祭出的"魔法"或"花招"：自我首先认定自己是个别的精神，继而以追求普遍的、因而是神圣的精神之名取消了自身的存在，最终在掌握了普遍精神后将自己的肉体迎回。在施蒂纳的老师黑格尔那里，普遍精神是自我运动的，它从自我意识出发最终到达对自我的绝对知识——绝对精神，马克思将这一"头脚倒置"的精神体系翻转过来，努力使其成为社会现实的反映，只有如此，精神才能取得真实的品格。然而，施蒂纳的"精神"首先由于排除了社会生活的现实（诸如团体、民族、阶级和国家）而变成了虚幻的影子；其次，排除了这一作为"影子"出现的精神世

---

① 参看中共中央马克思恩格斯列宁斯大林著作编译局编译《马克思恩格斯全集》第1版第3卷，北京：人民出版社，1960年，第116—131页。为行文方便，某些术语的翻译有改动，详见Institute für Marxismus-Leninismus bei ZK der SED (Hrsg.), *Karl Marx · Friedrich Engels Werk (MEW)*, Bd.3, Berlin: Dietz Verlag, 1978, pp.104-118.

界的"神圣精神"就成了"幽灵"（Gespenst）①，它表现为"肉体的精神"，即以俗世之身来承载神圣精神的个人利己主义者，他把人生在世的享乐看做是神圣之道，借以将自我神圣化，因此，马克思揭穿了这些小资产阶级的本质，他说：

Stirners „Mann" kommt als Deutscher zu Allem sehr spät. Er kann auf den Pariser Boulevards und in der Londoner Regent Street Hunderte von "Jünglingen", Muscadins und Dandies, flanieren sehen, die sich noch nicht als „leibhaftigen Geist" gefunden haben, aber nichtsdestoweniger „an sich, wie sie leiben und leben, eine Lust haben" und ihr Hauptinteresse in die „Befriedigung des ganzen Kerls" setzen.②

施蒂纳的"成人"，是真正的德国人，所以出现的太迟了。在巴黎的街心花园和摄政大街，也许能看到数以百计到处闲逛的"愣头愣脑的年轻

---

① 《马克思恩格斯全集》第1版第3卷，第123页。笔者将文中的"怪影"（Gespenst）一律改译为"幽灵"，详见 *Karl Marx · Friedrich Engels Werk (MEW)*, Bd.3, p.106.
② *Karl Marx · Friedrich Engels Werk (MEW)*, Bd.3, p.108.

人"，公子哥儿和纨绔子，他们虽然还没有发现自身是"肉体的精神"，但却"对他们那样的生活津津有味"，并把主要的兴趣放在"完整的主体的满足"上。①

我们太熟悉这些闲逛者、浪荡汉们了：15岁就在街头"闹事儿"的谢努不就是被巴黎人所说的"gamin"，也就是文中的"Jünglingen"吗？"Muscadin"是18世纪法国里昂的方言，最初是丝绸工人们送给当地的"大商人及其衣冠楚楚的仆人们"的外号②，1794年7月热月政变后，它被用来指巴黎街头身着奇装异服、外表优雅的青年人，他们成群结队地围追堵截无套裤汉党人和失势的雅各宾党人。虽然在1840年代"Muscadin"这个词汇早以淡出了日常法语，但马克思早年对法国大革命的史料非常熟悉，曾经计划撰写一部《国民公会史》，自然对雅各宾党及其敌人印象尤其深刻。

幽灵离不开肉体，换言之，虚幻的精神只有附着于一个具体的肉体之上才能生产出幽灵。德里达说，"幽

---

① 《马克思恩格斯全集》第1版第3卷，第125页。为行文方便，译文有所改动。
② Claude Riffaterre, «L'origine du mot muscadin», dans *La révolution française*, 56 (1909), p. 387.

灵（fantôme）的生产，幽灵效果的构成并非简单地是精神化，亦非精神、理念和思想的自我运动，后者在黑格尔的唯心主义哲学中得到了卓越的体现",相反，"一旦精神自我运动起来，伴随着剥夺和与之相应的异化，唯有此时，幽灵的时刻才到来，它跟随精神，为它增添了一个补充的维度，一种模仿、一种异化或剥夺"，这位擅长文字游戏的大师继续说，"这就是躯体！肉体（Leib）！"，"因为假如肉体没有出现在一个不可见的可见空间里，假如肉体没有出现为其显现的消失-显现（dis-paraître d'une apparition）时，便不存在所谓幽灵，精神也就从不会变成幽灵（spectre）"[①]。当肉体在幽灵中出现之时，它也同时在消失，于是精神得以凸显；然而肉体在幽灵中的消失恰恰凸显了肉体的显现本身，因此肉体在幽灵中处于既可见又不可见的状态。德里达的措辞虽然有些拗口，但却准确地描绘了幽灵的生成机制，意识形态的生产也遵循了同样的机制，只不过它所诉诸的肉体更为抽象而已。一旦思想脱离了它赖以产生的社会现实，人们的头脑里就会生成许多幽灵，并赋予它们以躯体，德里达说，"并非是让它们（指幽

[①] Jacques Derrida, *Spectres de Marx: l'état de la dette, le travail de deuil et la nouvelle international*, p.202.

灵们——引者）返回到其理念和思想所系的活生生的肉体，而是将这些理念和思想塑身于另一种人为和人造的躯体里"①，这就是意识形态幽灵的生产原理。

1851年12月1日晚，"纨绔的波希米亚人"路易·波拿巴发动军事政变解散了国民议会，恢复了普选制。1852年12月2日，伴随第二帝国的成立，法国重新走进了复辟的君主制。从1789年大革命以来，在经历了共和制、帝制、君主立宪制以及革命力量与复辟力量的反复较量之后，法国革命的步伐依然未能停止。在七月王朝的末期，基佐就曾经乐观的预言革命在法国已经以自由主义的最终胜利宣告结束，然而不久之后革命就再次爆发。为什么革命会一再反复？如何破解19世纪法国历史中的这一神秘的现象？无论是共和派、君主主义者，还是自由主义者都曾经渴望尽快结束革命，托克维尔在《回忆录》里发出了这样的感叹："唉！在复辟时期我自己希望如此，在复辟政府垮台之后依然如此，可现在又是重新开始的法国革命，因为事情总是如此。"②然而，马克思并不希望革命就此结束，相反，他希望

---

① Jacques Derrida, *Spectres de Marx: l'état de la dette, le travail de deuil et la nouvelle international*, pp.202-203.

② Alexis de Tocqueville, *Souvenirs*, Paris: Calmann Lévy, 1893, p.95.

"重新开启另一场革命,与上一场革命相比虽然形式上相似,但内容却是全新的,它是社会革命而非政治革命"[1]。如果说1789年革命解决的是正在上升的资产阶级与没落的贵族之间的冲突[2],那么19世纪革命将要面对资产阶级和无产阶级的冲突。为了确保一场很快即将到来的无产革命的胜利,马克思对1830年以来历次由小资产阶级共和派发动和领导的、有无产阶级参加的起义和暴动屡屡失败的原因做出研究,其目标在于揭示和打破小资产阶级政治文化的梦境。

从1830年到1850年,这个梦境由无数死去的幽灵组成。"一切已死的先辈们的传统,像梦魇一样纠缠着活人的头脑。"(《全》,2/11,132)死去的精神纷纷找到了自己的躯体:科西迪耶尔、路易·勃朗和路易·波拿巴头脑中分别是丹东、罗伯斯庇尔和拿破仑的幽灵;1848—1851年的山岳党是1793—1795年山岳党的幽灵,

---

[1] François Furet, *Marx et la révolution français*, p.88.
[2] 20世纪50年代以来形成的法国大革命研究修正史学派试图否定马克思的这个结论,例如,阿尔弗雷德·科本就认为在旧制度末期,封建贵族已经不再统治国家,农民土地占有量已达全国土地总量的三分之一;其次,在大革命前夕,工商业资产阶级人数在法国根本不占优势,而且对革命毫无兴趣,详见Alfred Cobban, *The Social Interpretation of The French Revolution,* 2 ed., Cambridge: Cambridge University Press, 1999, chp.4 and chp.6, pp.25-35;pp.54-67.

拿破仑帝国是法兰西第二帝国的幽灵。小资产阶级的密谋家们不仅醉心于发明那些具有魔力的武器，而且还将旧革命的幽灵纷纷召唤出来，希望他们能够在革命危急的时刻及时显灵，赋予自己以神奇的力量，从而把"懦弱"的自己装扮成领导革命的英雄，马克思说，"没有一个党派像民主党这样夸大自己的力量，也没有一个党派像民主党这样轻率地错误估计形势"，他们自信"他们只要发出一个信号，人民就会用它的无穷无尽的力量冲向压迫者"。可是，"一旦必须实地战斗时，宣战的震耳欲聋的前奏曲就变成了怯懦的唠叨；演员不再认真表演了，戏也就停止了，像吹胀了气球一样，针一刺就破了"（《全》，2/11，164—165）。最后，连他们自己也化身为"幽灵的幽灵"到处游荡。生活上的浪荡汉最终变成了政治和文化上的浪荡汉——波希米亚文人。马克思说，"民主党人代表小资产阶级，即体现两个阶级的利益互相削弱的那个过渡阶级，所以他们认为自己完全是站在阶级对抗之上"（《全》，2/11，164）。

本雅明在波德莱尔作品中发现，诗人不仅喜欢捕捉世俗生活画卷当中的"英雄主义"色彩，而且还乐于亲自走上舞台，扮演英雄的角色。《巴黎，19世纪世界的首都》的作者由此联想到了马克思对法国农民的描绘。终结1848年革命的路易·波拿巴是靠占法国人口最大多数的农民手中的选票上台的，他们是第二帝国的政治原则——"拿破仑观念"的崇信者。"拿破仑观念"使军队在帝国和社会中"占了压倒性优势"[1]，"军队是小农的光荣，军队把小农造就成为英雄……"(《全》，2/11, 164) 在《小老太婆》(1857) 一诗中，波德莱尔描绘了一位生活贫困、形容枯槁的老妇人，在夕阳西下的傍晚步履蹒跚地走进公园，独自坐在长凳上聆听军乐队演奏的场景："在这个令人振奋的金色夜晚，/他们(士兵)把某种英雄主义注入了市民的心田。"[2] 本雅明评论道，因生儿育女而陷入贫困的农家子弟的英雄主义是"软弱无力的"，通过军乐团演奏这种方式召唤出来的英雄主义是这个社会"还能够制造的真实的、唯一的东西"(GS, I·1, 576)。"英雄崇拜"成了第二帝国从皇帝到普通的城乡居民的道德意识和风俗，本雅明以巴尔扎克为例，在这位"讲故事的人"笔下，连最普通的旅行销售员也被尊为勇猛无比的"角斗士"。

在波德莱尔的英雄谱里，不仅有第二帝国的缔造者

---

[1] 马克思持续观察了路易·波拿巴上台后发动的对外战争(如克里米亚战争)以及以强大的军力为后盾展开的外交活动，关于这方面的分析，详见Marximilien Rubel, *Karl Marx devant le bonapartisme*, Paris: Mouton & Co, 1960.

[2] Charles Baudelaire, «Les petites vieilles», *Œuvres complètes,* vol.1, p.91.

拿破仑三世，巴黎街垒战的领袖布朗基，"在充满敌意的环境中"奋斗并获得不俗成就的人和反抗社会的人，还有"现代生活的画家"之一——康斯坦丁·居伊以及穿着优雅、气质高贵、敢于挑战社会道德规范的"纨绔子"（dandy），甚至是老妪、罪犯、流氓和女同性恋者，他还不忘把自己的名字也列在了这个长长的名单里，以至于本雅明说，英雄主义构成了波德莱尔对现代性的理解要素。对不知名的波希米人和亚速写画家居伊，波德莱尔的崇敬之情更是溢于言表：

> 他就这样走啊，跑啊，寻找啊。他寻找什么？肯定，如我所描写的这个人，这个富有活跃的想象力的孤独者，不停地穿越巨大的人性荒漠的孤独者，有一个比纯粹的漫游者的目的更高些的目的，有一个与一时的短暂的愉快不同的更普遍的目的。他寻找我们可以称为现代性的那种东西，因为再没有更好的词来表达这种观念了。对他来说，问题在于从流行的东西中提取出它可能包含着的在历史中

富有诗意的东西,从过渡中抽出永恒。[1]

画家犹如奔跑在战场上的英雄,他在稍纵即逝的"现在"时刻试图抓取某种永恒的东西,他发挥着非凡的意志力和专注力,不让任何诗意的东西从身边溜走,"现代性与时尚的根本区别在于,后者会随时间的流逝而流逝,而前者则表现为一种态度,它使人能够把握现在时刻之中所包含的'英雄'因素",福柯以波德莱尔对现代性的理解为例说,"现代性并非是对稍纵即逝的感性事实,而是对现在时刻进行'英雄化'的意志"[2]。然而福柯提醒我们,此处的"英雄化"是一种反讽的说法。所谓使现在时刻"英雄化"并非要将其"神圣化",将其"保持住并使之永恒",而是在尊重现在、保持现在的同时,使之发生转化,用福柯的话来说,就是"在现实的真理与自由的操练之间进行一场艰难的博弈",其目标是"使'自然的'事物更加自然,使'美丽的'事物更加美丽,使特别的事物'拥有一种

---

[1] Charles Baudelaire, «Le Peintre de la vie moderne», dans *Œuvres complètes,* vol.2, pp.694-695.中译文引自波德莱尔《美学珍玩》,郭宏安译,上海:上海译文出版社,2009年,第368—369页。
[2] Michel Foucault, «Qu'est-ce que les lumières ?», dans *Dits et écrits 1954-1980* II, Paris: Gallimard, 2008, p.1388.

仿佛是作者灵魂的热情生命"[1]。在福柯看来，波德莱尔理解的现代性意味着人或艺术家猛烈地想象现实而不摧毁它，将现实转化为不同于它自身的东西而在其自身中把握它[2]。简而言之，所谓使现在时刻"英雄化"，就是要运用想象力使之诗化和审美化，其结果便生成了本雅明的"幻象"，后者是资本主义历史发展的产物，但它超越了时间和历史成为一种永恒的现象。

资本主义的文化"幻象"源于对人们对商品新奇性的无限追求。在"1939年论纲"中，本雅明发现波德莱尔善于将"极为新奇的东西作为极为古老的东西展现给读者"，而诗人也自觉地"期望有朝一日能变成古代"（GS, I·1, 584）。波德莱尔曾经研究过从大革命到督政府时期的时装样式，说这些"服装具有一种双重的魅力，艺术的和历史的魅力……人类关于美的观念被铭刻在他的全部服饰中……"[3] 马克思笔下的"党的正式代表"身着的那款"黑色燕尾服"，在波德莱尔的眼里，

---

[1] Charles Baudelaire, «Le Peintre de la vie moderne», dans *Œuvres complètes,* vol.2, p.694.

[2] Michel Foucault, «Qu'est-ce que les lumières ?», dans *Dits et écrits 1954-1980* II, p.1389.

[3] Charles Baudelaire, «Le Peintre de la vie moderne», dans *Œuvres complètes,* vol.2, p.684.

不仅具备一种表现普遍平等的"政治美",而且还具有一种"表达公共精神"的"诗意美"[1]。然而在福柯眼里,七月王朝时期流行的、色调阴暗的黑色服饰,还有波德莱尔予以祝福的各种送葬队伍都表明了人与死亡之间的"一种本质的、永恒的和无法摆脱的关系"[2]。现代性的事物无论如何新奇,它们都将会离去和被埋葬,一切新颖的事物若从其终将死亡的角度看,就都变成了废墟和遗址。1859年2月,也就是在诗人去世前8年,波德莱尔写下了《旅行》这首诗,诗中云:

> 然而,真正的旅人只是这些人,
> 他们为走而走;心轻得像个气球,
> 他们从未逃脱自己的命运,
> 他们并不管为什么,总是说:"走!"[3]

这首诗是献给马克西姆·杜刚的,后者是旅行家和讴歌社会进步的作家。诗行中出现了"大炮""恐

---

[1] Charles Baudelaire, «Salon de 1846», dans *Œuvres complètes*, vol.2, p.684.
[2] Michel Foucault, «Qu'est-ce que les lumières ?», dans *Dits et écrits 1954-1980* II, p.1388.
[3] Charles Baudelaire, «Le voyage», dans *Œuvres complètes*, vol.1, p.130. 中译文出自郭宏安译《恶之花》,第322页,译文有改动。

惧""烦闷""厌倦"的字眼，可以看出，波德莱尔已经绝望于革命和进步，蜕变成一个"疯子般不停行走"的、轻飘飘的旅人——幽灵，他呼唤道："哦死亡，老船长，起锚，时间到了！这地方令人厌倦，哦死亡！起航！"[①] 诗人像他笔下的居伊一样在巴黎的街道上疯狂地追逐着现代性，不断地将现实编织成美轮美奂的"幻象"，然而他却在自己制造的梦境中止步不前。因此，本雅明说：

> 现代性最终证明是他的厄运……（*GS*, I·1, 599）

> 波德莱尔的反叛带有反社会人的特点：这是没有出路的（*GS*, VI, 70）。

---

① Charles Baudelaire, «Le voyage», dans *Œuvres complètes,* vol.1, p.133. 中译文出自郭宏安译《恶之花》，第318页。

第三章 世界主义、种族革命与《共产党宣言》中译文的诞生：以《天义》《衡报》的社会主义宣传为中心

一、《共产党宣言》与欧洲革命

1848年2月末，一位名叫布格哈特（J.E.Burghard）的工人借助于手动印刷机在伦敦一家私人住所印制出了马克思刚刚为"共产主义者同盟"撰写的纲领文件——《共产党宣言》（以下简称《宣言》）。从3月份开始，这份纸质粗劣、排印错误不少、篇幅达23页的小册子被秘密散发给在巴黎、阿姆斯特丹、瑞士、比利时和瑞典

的盟员们，其数量有数千册之多[①]。3月到7月，由伦敦德国移民创办的《德意志伦敦报》第一次以连载形式公开出版了《宣言》。1851年，马克思应科隆共产主义同盟的要求在科隆出版了一个现在被称为"30页版"的德文新版。由此直至"国际劳动者联盟"（第一国际）成立（1864）期间，《宣言》的出版和传播陷入了低谷。巴黎公社失败之后，马克思和恩格斯根据当时欧洲工人运动的实际发展状况修订了《宣言》的相应段落，1872年出版的德文版遂成为后续诸多版本的基本依据。《马克思恩格斯全集》第四卷收入的《宣言》是1899年恩格斯生前最后一次校订的版本[②]。《宣言》的第一个英译本由英国著名宪章运动者、妇女解放运动者海伦·麦克法林（Helen Macfarlane）完成，发表在《红色共和

[①] Thomas Kuczynski, *Das Kommunistische Manifest (Manifest der Kommunistische Partei) von Karl Marx und Friedrich Engels, von der Erstausgabe zur Leseausgabe*, Trier: Karl-Marx –Haus, 1995, pp.58-78；关于近年来《共产党宣言》第一版出版情况的详细研究综述和分析，参看桥本直树：《〈共产党宣言〉初版の确定》，载《商学论集》第75卷第2号，2007年3月，第3—20页。

[②] *Karl Marx Friedrich Engels Werk,* Bd.4, Berlin: Dietz Verlag, 1977, pp.459-493.

党人》（1850年11月30日）上①。1888年，曾经翻译过马克思《资本论》部分章节的萨缪尔·摩尔（Samuel Moore）发表了《宣言》的第二个英译本，这个译本由恩格斯亲自参与校订并添加了必要的注释，后来被收入了《马克思恩格斯全集》英文版②。

《宣言》最初打算"用英文、法文、德文、意大利文、佛拉芒和丹麦文公布于世"③。但是仅在"巴黎公社"前后的1871—1873年间，《宣言》就至少有9个版本、6种语言译本问世。尤其是在19世纪80年代，随着工人运动和第二国际的日益活跃，《宣言》在欧洲和美国的翻译和传播与马克思的个人声望一同达到了高潮④。尽管如此，《宣言》自从诞生以来的翻译和影响还主要

---

① "Manifesto of the German Communist Party (1848) First English translation (abridged) by Helen Macfarlane (1850)", in *The Cambridge Companion to The Communist Manifesto*, Terrell Carver and James Farr, ed., Cambridge: Cambridge University Press, 2015, pp.261-282.

② Karl Marx Friedrich Engels, *Collected Works*, vol.6, New York: International Press, 1976, pp.477-519.

③ 马克思和恩格斯：《共产党宣言》，收入《马克思恩格斯文集》第1版第2卷，北京：人民出版社，2009年，第30页。

④ Eric Hobsbawm, *How to Change the World. Reflection on Marx and Marxism*, New Haven & London: Yale University Press, 2011, p.104; 关于《宣言》各种语言译本出现的情况，参看大村泉著、陈浩、张立波译：《〈共产党宣言〉的出版史与中译的问题》，载《中共历史与理论研究》2015年第5期。

局限在欧美国家，这种状况一直持续到20世纪初前几年才告结束。1904年11月13日，日本社会主义者幸德秋水和堺利彦以1888年英译本为底本，将《宣言》第一次翻译成日文，发表在东京的周刊《平民新闻》上。同一天，《平民新闻》被政府禁止发售，幸德秋水因笔祸被判入狱。1906年，堺利彦补译了1904年译文缺失的第三章，将完整的《宣言》日译文发表在《社会主义研究》创刊号上[①]。1908年3月，在刘师培与何震创办的《天义》第16至19卷合刊（春季增刊）上出现了《宣言》的序言部分和第一章的中译文，译者为"民鸣"，经研究发现，其采用的《宣言》底本正是1906年的日文全译本[②]。

《宣言》诞生于1848年包括法国"二月革命"在内的、席卷整个欧洲大陆的一场革命风潮当中。按照马克思主义历史学的经典解释，这场革命缘于19世纪30、40年代欧洲工业化进程带来的城市居民的普遍贫困（"饥

[①] 参看大村泉：《幸德秋水/堺利彦訳〈共産党宣言〉の成立・伝承と中国語訳への影響》，载《大原社会問題研究所雑誌》，No.603／2009.1，第1—13页。

[②] 马尔克斯（Marx）、因格尔斯（Engels）合著、民鸣译：《共产党宣言》，万仕国、刘禾校注：《天义・衡报》（上），北京：中国人民大学出版社，2016年，第421—431页。

第三章　世界主义、种族革命与《共产党宣言》中译文的诞生　215

饿的40年代"）引发的一系列社会和政治矛盾。但近年来兴起的全球史研究表明，造成这场被认为是自1789年法国大革命以来最大规模革命的背景、原因以及各个革命主体的动机和政治目标非常不同，这期待着人们分别从法国、德国、奥匈帝国、意大利等各个国家的不同情况入手进行细致的研究。其实，以马克思、恩格斯领导的"共产主义者同盟"这一秘密组织活动为代表的城市工人运动只是当时波起云涌的社会反抗潮流中的一支，与发生在巴黎、柏林、慕尼黑、维也纳、布达佩斯和威尼斯这些旧秩序中心地带的暴动相比，农民为抗议旧式地主的租税和新式地主出于商业利益对公用林地和土地的霸占而发动的革命行动，对于统治者们来说更难以镇压，因为与城市居民的集中化相比，农村人口分布更为松散，统治力量也更为薄弱[1]。因此，工人革命的意义更多地在于它构成了一种有力的政治象征。大量来自下层、由于在新兴商业社会中无法谋生从而在政治态度上趋于激烈的中产阶级、对自己的生活状况不满的城市小生产者和遭受传统农业工业化和商业化侵害的农民组成了一支革命团体，其中的知识分子，尤其是年轻的知识

---

[1] C.A. Bayly, *The Birth of the Modern World, 1780-1914: Globe Connections and Comparisons*, Oxford: Blackwell, 2004, pp.155-156.

分子充当了这个团体的代言人和领导者,在他们当中既有受过教育的大学生,也有新闻记者、教师和官员。尽管拥有较高的社会地位,然而一旦他们在革命政府中谋求到合适的职位,他们的内心就会产生动摇,甚至做出背叛革命之举。因此,这个团体充其量只是一支革命力量而已,还没有能够成为在现实政治之外的"另一种政治选择"[1]。马克思和恩格斯在1851年所写的一篇书评中揭露了这类"流氓无产阶级"当中的一员——"二月革命"党人、《改革报》的编辑德拉奥德(Lucien de la Hodde),这位道貌岸然的"革命者"暗地里充当了巴黎警察局的密探,在夜幕里的巴黎街头干着为革命者所不齿的勾当[2]。在发生在农村的一系列暴动中,农民虽然显出了自身的强大力量,但他们数量不多,而且在"政治和意识形态上都尚未成熟"[3]。在《路易·波拿巴的雾月十八日》(1851—1852)中,马克思展示了其天才的政治分析能力,深入揭示了法国小农(拥有和世

---

[1] Eric Hobsbawm, *The Age of Capital, 1848-1875,* London: Abacus, 1995, p.33.
[2] 马克思和恩格斯:《〈新莱茵报·政治经济评论〉第四期上发表的书评》,《马克思恩格斯全集》第2版第10卷,北京:人民出版社,1998年,第324—341页。
[3] Eric Hobsbawm, *The Age of Capital, 1848-1875*, London: Abacus, 1995, p.34.

第三章　世界主义、种族革命与《共产党宣言》中译文的诞生　217

代耕种一小块土地的农夫）的阶级属性和政治期望，"他们不能代表自己，一定要别人来代表他们……归根到底，小农的政治影响表现为行政支配社会，国家支配社会"①。小农经济的天然封闭性和自足性使他们非但不能作为独立的阶级，完成一场艰巨的政治革命和社会革命，反倒在1851年12月20日和21日的选举中变成了波拿巴政权的积极支持者和拥护者。与散居的农民不同，"无产阶级在工厂和城市里的集中使他们意识到了他们共同利益。以此为基础，他们开始建立工会这样的机构表达他们的想法"②。在1848年欧洲革命中，马克思从黑格尔的历史哲学得到启示，洞悉了人们普遍的经济平等和政治民主要求，他从熟悉资本主义工商业发展的恩格斯那里初步了解了当时欧洲，特别是英国工人阶级的真实生活状态，从而把改变欧洲旧制度的希望寄托在刚刚从贫穷的劳动者、独立作坊主和小商人的队伍里转化为"无产阶级"的人们身上。在《宣言》中，马克思呼吁这群失去财产、只能依靠出卖劳动力谋生的人们在"感觉到自身量"之后，把自身"组织成为阶级，从而

---

① 马克思和恩格斯：《马克思恩格斯文集》第1版第2卷，北京：人民出版社，2009年，第567页。
② David Harvey, "The Geography of Manifesto", in *Spaces of Hope*, Edinburgh: Edinburgh University Press, 2000, p.25.

组织成为政党","使无产阶级上升为统治阶级"[①]。在这个意义上,《宣言》是以一种撼人心魄的语言和修辞方式唤醒工人阶级阶级意识的动员令。

"全世界无产者,联合起来!"共产主义的动员令无疑是国际性的和全球性的,然而大卫·哈维却断然地说,《宣言》的首句("一个幽灵,共产主义的幽灵,在欧洲游荡。")便把论证放在了欧洲情境当中,它的主张首先诉诸跨国实体及其工人阶级,因此这个文献是以欧洲为中心的,不是国际性的[②]。哈维继续说,在马克思看来,欧洲通过新航路的发现,将剩余的资本转向了美洲殖民地,试图以此克服由其生产方式造成的贫富两极分化矛盾,但他最终否定了这一可能性,从而把人类解放的历史使命坚定地放在欧洲内部跨国联合起来的无产阶级肩膀之上。《宣言》发表的最初几年,在亚洲,英帝国刚刚用马克思在《宣言》里所说的"坚船和利炮"打开了延续了两千年之久的君主制国家——中国,并借助于宗教和"西学"将一种不同的道德习俗、政治制度和生活方式带给了中国人;而此时的日本正处

---

① 马克思和恩格斯:《共产党宣言》,收入《马克思恩格斯文集》第1版第2卷,北京:人民出版社,2009年,第40—41页;第53页。
② David Harvey, "The Geography of Manifesto", in *Spaces of Hope*, Edinburgh: Edinburgh University Press, 2000, p.24.

于幕藩体制末期,德川幕府一方面惊恐于英美即将在自己家门口发动的侵略,另一方面依然坚守着"锁国"和"击退"的防御政策,直到1853年美国海军中将佩里率领的舰队打开了日本的通商口岸才结束了这个局面[1]。同一时期,马克思在一篇为《纽约每日论坛报》撰写的时评文章中,预言由英国对华贸易引发的持续的中国革命将会沉重地打击英国经济,从而引发欧洲的政治危机和政治革命[2]。对于另一个亚洲国家——印度也一样,马克思评论道:"英国在印度要完成双重的使命:一个是破坏的使命,即消灭旧的亚洲式的社会;另一个是重建的使命,即在亚洲为西方式的社会奠定物质基础。"[3] 正如哈维所说,欧洲资本"空间转移"的结果非但不能消解欧洲资本主义本身的矛盾,相反会加速欧洲和亚洲社会革命的来临,这样的结果似乎否定了哈维的上述质疑,预示了无产阶级在更大范围内的、全世界的联合。

---

[1] Marius B. Jansen (ed.), *The Cambridge History of Japan*, vol.5, *The Nineteenth Century*, New York: Cambridge University Press, chp.4, pp. 259-309.
[2] 马克思和恩格斯:《中国革命和欧洲革命》,收入《马克思恩格斯文集》第1版第2卷,北京:人民出版社,2009年,第607—614页。
[3] 马克思和恩格斯:《英帝国统治印度的结果》,收入《马克思恩格斯文集》第1版第2卷,北京:人民出版社,2009年,第686页。

在帝国主义战争的危险不断加剧中成立和发展起来的第二国际（1889—1916）真正迈出了包括亚洲在内的无产阶级国际联合。在日俄战争进行当中举行的第二国际第六次会议上（1904年7月，阿姆斯特丹），日本社会民主党领导人片山潜与来自俄国社会民主党的代表普列汉诺夫共同被选为大会的副主席，来自交战国的两人在开幕式上当着所有与会代表亲切握手，这一激动人心的场面给人们留下了深刻的印象。《宣言》第一个日译本恰恰出现于4个月之后。1905年5月，孙中山造访了设在布鲁塞尔的第二国际执行局，与时任执行局主席的范德文（Emile Vandervelde）及秘书胡斯曼（Camille Huysmans）进行会谈，提出率领中国革命党人加入第二国际的要求[1]。三个月后，中国同盟会在日本东京赤坂灵南阪本金弥宅正式成立，据范德文回忆，胡斯曼还亲自参与了同盟会纲领的讨论和制定。20年后，这位第二国际领导人甚至说，马克思写下《共产党宣言》的布鲁塞尔是国民党和中国革命的发源地[2]。1907年2月，在上海积极进行反清活动的同盟会会员刘师培迫于清政

---

[1] Martin Bernal, *Chinese Socialism to 1907*, Ithaca: Cornell University Press, 1967, pp. 65-66.

[2] Émile Vandervelde, *À travers la révolution chinoise: Soviets et Kuomintang*, Paris: Alcan, 1931, p.91.

府的缉拿，携妻子何震来到东京，加入了以孙中山、章太炎和张继为中心的《民报》社革命知识分子团体，并与日本无政府主义社会主义者幸德秋水、堺利彦、山川均、大杉荣等人展开了密切交往，一年之后，《宣言》第一个中译文（"序言"和"第一章"）便经刘师培和何震之手发表出来。如何在19世纪初期欧美和亚洲全球革命的语境中理解《宣言》中译文的诞生？通过跨语际的翻译实践，《宣言》激活了怎样一种来自亚洲本土的革命资源，从而使中国革命者们试图采取与当时欧洲社会民主党不同的革命策略？在辛亥革命前的刘师培和何震那里，在近代中国革命的复杂历程当中，《宣言》扮演了怎样一种特殊的角色？本文尝试将上述问题纳入第二国际的理论论争和国际社会主义实践的视野当中，从1907—1908年留居东京的清末革命党人和日本社会主义者的知识交流中来加以考察。

二、《共产党宣言》与亚洲的联合

1868年，以萨摩和长洲两藩中下层武士结成的同盟一举击败了德川幕府的军队，结束了六百年以来统治日本的封建政治制度，在"尊王攘夷"和"王政复古"的名义下将年轻的明治天皇推上了政治舞台。明治政府对内通过改革中央和地方官员制度、财税制度和废藩置县等措施，建立了一套有利于日本迅速走向西方的中央集权制度；对外通过废除不平等条约逐渐取得了与西方列强平起平坐的"文明国"地位。在武力镇压以西乡隆盛为首的萨摩藩武士叛乱之后，天皇制度的政治权威得到了进一步的巩固，明治政府施行的以忠君爱国为核心的教育和中央和地方设立的大小神社则赋予了天皇个人以极大的神圣性。农业赋税的增加和采矿业的发展从1890年开始将日本带上了工业化的进程。甲午战争和日俄战争的胜利不仅使日本获得了邻国大量土地的管辖权，而且巨额战争赔款也加速了政府全面工业化的步伐。然而，以"富国强兵"为取向的国策首先损害了农民的利益，他们不得不承担政府为了增加各项财政收入而不断加重的税负；另一方面，士族阶层因无法分享到平等的政治权利而在各地频频发动叛乱。不过，这些反对力量都被历来重视建设一支强大的国家军队的明治政府各个击破。对于明治政府的政治寡头们来说，真正的威胁来自正在各大城市兴起的、有组织的工人运动。例如，在1888年高岛煤矿虐待工人事件和1889年横滨茶厂驱逐工人事件发生后，大井宪太郎的"东洋自由党"就开展了工人运动的宣传活动。1897年，从美国教会学校留学归来的片山潜，加入了刚刚从旧金山回国的城长太郎、泽田半之助和高野房太郎创立的"职工义友会"。1897年成立的"铁工工会"开始有了系统的组织和行动；1898年2月至3月，日本铁路司机工会——"矫正会"还举行了同盟罢工[1]。鉴于各地罢工次数和规模不断增加，日本当局一方面制定了《工厂法》试图改善工人的生活和工作条件，另一方面制定了《治安警察法》，用来防止和镇压可能出现的劳资冲突。针对政府的压制措施，幸德秋水在《万朝报》上抨击道，"这个法律，实际上是保护资本家及地主，而压迫工人及佃农的法律"，他认为法律不仅无助于消除政府对工人的忌惮，反而会激化工人问题和社会问题[2]。早期的这些劳工组织运动催生了社会主义政党的形成。从1898年的"社会主义研究会"到1900—1904年间的"社会主义协会"，基督教社会主义（以安部矶雄为代表）、美国工会主义社会主义（以片山潜为代表）和（以幸德秋水为代表）的法国自由思想、俄国民粹主义和日本自由民权思想混合物[3]，

---

[1] 片山潜：《日本的工人运动》，北京：生活·读书·新知三联书店，1959年，第92—123页。
[2] 片山潜：《日本的工人运动》，北京：生活·读书·新知三联书店，1959年，第40—41页。
[3] 卢坦：《日本明治时期的社会主义思想研究》，北京：中国社会科学出版社，2016年，第123页。

三种社会主义潮流汇合一处，一度在1901年5月18日建立了社会民主党，尽管两天之后它就被政府依据《治安警察法》予以禁止。

在第一国际时期非常活跃的拉萨尔主义，即主张在国家法律范围内争取工人合法权益的斗争策略一直延续到了第二国际时期。在美国留学时期就接触了拉萨尔学说的片山潜打算把它运用到日本的工人运动当中[1]。1901年以安部矶雄、片山潜和幸德秋水为核心的社会民主党所制定的党纲内容，可以说模仿了德国社会民主党在1891年10月通过的《埃尔福特纲领》[2]。在俾斯麦制定的《反社会主义法》遭到废除之后，德国社会民主党受到这一巨大战绩的鼓舞，决心继续走通过议会争取直接选举权、提案权和否决权的方式最终夺取政权[3]。相应地，日本社会民主党在它的宣言里反对武装斗争，把

---

[1] 卢坦：《日本明治时期的社会主义思想研究》，北京：中国社会科学出版社，2016年，第127页。

[2] 卢坦：《日本明治时期的社会主义思想研究》，北京：中国社会科学出版社，2016年，第119—120页。

[3] „Programm der sozialdemokratischen Partei Deutschlands", In: *Protokoll über die Verhandlung des Parteitag der sozialdemokratischen Partei Deutschlands, Abgehalten bei Erfurt von 14 bis 20 Oktober 1891*, Berlin: Verlag de Vorwärts, 1891, pp.1-6.

实行普遍选举制度作为实现该党目的的最初手段①。

在这一时期，包括后来在思想上发生重大变化的幸德秋水在内的社会主义者，都认为解决日本社会贫富分化问题的方法首先在于和平的政治革命和经济革命，幸德秋水甚至视当时欧美无政府主义者倡导的同盟罢工为不祥之事。从1901年发表的《帝国主义》一书的"例言"来看，他的思想还没有脱离当时的德国社会民主党领导人奥古斯特·倍倍尔的议会政策思想和托尔斯泰的基督教社会主义思想②。然而，从这本书看，在由作者早期自由民权思想延伸开来的对明治中央集权的不满情绪、对日本军国主义的批评、对孟子怜悯之心的推崇中蕴藏了幸德秋水思想发生变化的契机。1903年10月，就在日俄战争迫在眉睫之际，幸德秋水和堺利彦一起退出了陡然转向支持开战的《万朝报》，并在日本自由党左派小岛龙太郎议员的资助下创办了周刊《平民新闻》，开始打出"平民主义"的旗帜。从《平民新闻》的言论来看，幸德秋水除了继续其批评爱国主义和军国主义的立场之外，还进一步提出了废除军备、灭绝战争的主

---

① 详细的比较和分析，参看John Crump, *The Origin of Japanese Socialism*, London: Routledge, 2010, pp.188-195.
② 幸德秋水：《帝国主义》，东京：警醒社书店，1901年，第5页。

张。《平民新闻》发刊词中倡导的自由、平等、博爱得自以法国民约论思想为底色的中江兆民的自由民权理论，但幸德秋水比后者更激进地坚持"以多数人类的完全自由、平等和博爱为理想"。尽管如此，幸德秋水还是强调"实现（理想——引者）的手段是在国法允许的范围内引起多数人的舆论，取得多数人的一致协同。诉诸暴力虽能逞一时之快，但我辈坚决否认之"[1]。平民社诸人花费了大量的人力和财力，通过演说集会、地方游说和"传道行商"的方式来宣传平民主义的主张。他们还主动联络了与第二国际有着密切关系的俄国社会民主党。1904年3月13日，幸德秋水在《平民新闻》上刊发了《致俄国社会党》一文，在这封公开寻求对方给予支持和合作的书信当中，他满怀激情地向敌国的同志发出了号召："社会主义者的眼中没有人种、地域和国籍的差别……诸位的敌人并非是日本人，而是所谓的爱国主义和军国主义"，文章最后说道："借用马克思的一句话'全世界无产者联合起来！'，我们社会主义者必须拉起手来尽最大的努力去工作。"[2]在同一封信中，幸

---

[1] 吉川守圀：《荊逆星霜史——日本社会主義運動側面史》，东京：青木书店，1957年，第20页。
[2] 片山潜：《日本の勞働運動》，东京：岩波书店，1952年，第344页。

德秋水等人还呼吁两国社会党应当仿效第一国际时期德国社会民主党当年反对德国吞并阿尔萨斯和洛林那样来反对目前的战争。同年7月，俄国社会民主党人在《星火报》上回应了幸德秋水的公开信（据说是由列宁或托洛茨基执笔），认为日本工人阶级主动提出联合的主张，与李卜克内西和倍倍尔当年为国际社会主义所作的贡献一样"富有价值和意义"[①]。日俄两国社会主义者超越各自国家利益之上彼此联合的举动受到全世界人民的瞩目。两封公开信被各国报纸争相转载，一时间引起了西方乃至全世界的轰动。日俄两党的通信促成了1个月过后片山潜在第二国际第六次会议开幕式上与普列汉诺夫热切握手的举动。然而，无论幸德秋水反战言论的激烈，还是两党的握手联合都无法阻止日俄战争的进行，因为国际上支持日本战胜俄国的力量中有一支恰恰来自第二国际领导下的欧洲各国社会党。对沙皇俄国的仇视源于马克思和恩格斯，他们把在沙皇专制统治下的俄国看成是在欧洲大陆上阻碍社会进步的最大反动力量，这个态度从《宣言》的开头几句话即可以看出来。再者，德国社会民主党对马克思《宣言》中"工人阶级没有祖国"

[①] 片山潜：《日本の勞働運動》，东京：岩波书店，1952年，第346页。

的解释历来都是民族主义的,卡尔·考茨基在1887年的一篇文章中是这样解释的:"无产阶级与资产阶级的对立诚然是越来越严重,但与此同时无产阶级在数量、智力和能量上也越来越强大,乃至构成了民族的核心,那么无产阶级的利益和民族的利益就融为了一体,无产阶级此时再去奉行一种敌视民族的政治就无异于自杀,我们不能想象有这样一种无产阶级。"[1]第二国际领导人对待沙俄延续了的同样立场。在讨论日俄战争的一次国会讲演中,倍倍尔甚至说,假如德国打算加入对沙俄的战争,德国社会民主党也会支持参战,这一立场和他在一次世界大战前夕支持批准德国政府发行战争债券的立场如出一辙[2]。倍倍尔和欧洲各国社会党希望日本战胜沙俄,从而引发俄国革命。法国社会党领导人让·饶勒斯甚至要求国会在战争中保持中立,并且不给俄国驶向远东的黑海舰队"提供任何帮助"[3]。具有讽刺意味的是,天皇本人还曾对欧洲各社会民主党报纸给予日本的

---

[1] Karl Kautsky, „Die moderne Nationalität ", *Die Neue Zeit*, Jg. 5, 1877, Stuttgard: Verlag und Druck J. H. W. Dietz Nachf. G.m.b.h., pp. 450-451.

[2] John Crump, *The Origin of Japanese Socialism*, London: Routledge, 2010, p.203.

[3] Paul B. Spooner, "Sun Yat Sen and the Second International", in *Review of Culture*, 2011, No. 37, p.22.

支持表示满意①。即使作为俄国社会民主党的领导人，普列汉诺夫也希望自己的祖国战败。在阿姆斯特丹会议的主席讲话中，他说，沙皇政府发动的是一场针对日本人民的战争，"俄国政府为受压迫的其他斯拉夫民族制造了一个圈套，然而，对剥夺其他民族自由之民族的惩罚在于反过来去压迫它，让它在这种压迫中诅咒自己。俄罗斯人民与西伯利亚人和芬兰人一样是被压迫的民族"，"俄国政府的强大只是表面上的，仿佛是由黏土制成的巨人雕像，而日本将摧毁这座雕像。他为受压迫的民族复仇，俄国政府的梦境将被受压迫的民族打破。……俄国政府是文明的敌人"②。相反，作为日本人的片山潜在发言中并没有像幸德秋水那样把战争的原因归为日本帝国的贪婪欲望，而只强调了同志间的兄弟关系，这说明连他也无法回避对于国家利益的考虑。

正是在这样一个反对帝国主义战争、讲求"平民主义"和倡导国际社会主义者联合的历史情境下，幸德秋水和堺利彦接受了前文提到的小岛龙太郎的建议，翻译

---

① John Crump, *The Origin of Japanese Socialism*, London: Routledge, 2010, p.204.

② Le secrètariat socialiste international, *Sixième congrès de socialiste international tenu à Amsterdam 14 au 20 août 1904, Compte-rendu analytique*, Bruxelles, 1904, p.22.

了《共产党宣言》。据堺利彦回忆,小岛是中江兆民的友人,法语学者,时任众议院书记官,同时也是日本自由党左翼社会主义俱乐部成员[1]。两位译者当时还不懂德文,只能依据小岛提供的英译本一字一句地重译[2]。在日译本发表之前,据荒畑寒村在1974年回忆,无论是幸德秋水还是堺利彦此前均未读过《宣言》,尽管幸德秋水曾多次在他的著作中推荐和引用过它。译者尚如此,其他的日本社会主义者就更不用说了,他们大多听说过《宣言》却很少有人读过它。因此,《宣言》的发表在日本舆论界是一件大事,它甫一面世,连对幸德秋水的《呜呼增税》和《告小学教师》这样的反战文章都十分忌惮的东京警部立即起诉了平民社,编辑西川光次郎被处以罚金,幸德秋水也在1905年2月被判入狱。他在7月份出狱,11月便去往美国,1906年6月回国。在此期间,按照幸德秋水的说法,他已经由一个马克思主义

---

[1] 大村泉:《幸徳秋水/堺利彦訳『共産党宣言』の成立・伝承と中国語訳への影響》,载《大原社会問題研究所雑誌》,No.603 / 2009.1,第2頁;关于《宣言》日译本从筹划、翻译到发表的过程,参看川口武彦:《堺利彦の生涯(上)》,东京:社会主义出版局,1992年,第126—132页。
[2] 吉川守圀:《荊逆星霜史——日本社会主義運動側面史》,东京:青木书店,1957年,第34页。

的社会主义者转变成一个激进的无政府主义者了[1]。然而,这个略带神秘色彩的思想变化过程究竟是怎样发生的呢?一个直接的原因是因笔祸致两次入狱让他体会到了明治政府对社会主义弹压的残酷性,同时也让他对通过议会政策夺取政权的第二国际奉行的政治路线感到绝望。其次,从人格理想方面来说,幸德秋水崇尚日本传统的武士道德[2],在他看来,只有保持了道德纯粹性的武士或"志士仁人"才能拯救社会于普遍堕落之中,从自由民权思想而来的个人精英主义使他不安于长期屈从一个革命团体[3]。第三个,也是最重要的原因是在抛弃了议会政策论之后,幸德秋水开始寻求另外一种更为激进的革命策略。恰在此时,1905年俄国革命前后的民粹主义和无政府主义,以及美国芝加哥地区的"世界产业联盟"(IWW)奉行的直接行动论成了他瞩目的方向。在入狱前夕,幸德秋水在《直言》周刊上发表文章,批评了俄国社会民主党的温和政策不得人心,并且有保留

---

[1] Kotoku Shuisui: "To Johnson", *Mother Earth*, vol.6, No.1, March 1911, p.182.
[2] John Crump, *The Origin of Japanese Socialism*, London: Routledge, 2010, pp. 299-310.
[3] 辻野功:《指導者失格の幸徳秋水》,载《同志社法学》第48卷第3号,第116—141页。

地赞赏了具有深厚民粹主义传统的俄国社会革命党。联合1890年代兴起的北俄多个革命组织和地方的农村社会主义团体、在1902年成立的俄国社会革命党，对于俄国社会民主党在第二国际领导下单纯致力于改善工人经济状况的做法不满，主张"民主社会主义"和"农村社会主义"[1]。幸德秋水狱中阅读的克鲁泡特金亦在1872年参加过民粹主义和社会主义的"柴可夫斯基圈"的活动[2]。在游历美国时，幸德秋水实地接触了流亡的俄国革命者，并与和他们保持密切关系的弗里茨夫人，也就是他的房东结成了友谊。在寄回日本的一篇文章中，他认为"假如俄国革命成功，那么整个欧洲便进入了工人革命的时代"；1906年1月，在旧金山为纪念一年前发生在冬宫的沙皇屠杀革命者事件而举行的集会上，幸德秋水把俄国革命看作是世界革命的先声[3]。阿尔伯特·约翰逊（Albert Johnson），一个生活在美国加利福尼亚海岸的无政府主义者和幸德秋水保持了长时间的友

---

[1] Christopher Rice, *Russian Workers and the Socialist Revolutionary Party Through the Revolution of 1905-1907*, London: Macmillan, pp.18-21.

[2] Caroline Cahm, *Kropotkin and the Rise of Revolutionary Anarchism, 1872-1886*, Cambridge: Cambridge University Press, 2002, p.44.

[3] John Crump, *The Origin of Japanese Socialism*, London: Routledge, 2010, pp.504-505.

谊①，从这位老人那里，后者得到了克鲁泡特金的《土地、工厂和作坊》一书和该书作者流亡在伦敦的通讯地址②。在美期间，幸德秋水频频造访美国社会民主党（SPA）、美国社会劳动党（SPL）和世界产业工人联盟（IWW）的会议，并与各个派别的社会主义组织一起就社会主义的性质和实施手段展开了热烈的讨论③。1906年4月，在发表于由流亡东京的俄国社会革命党人创办的《星火》杂志上的一篇文章中，幸德秋水表示，与"财产公有"和"选票箱"相比，他更愿意选择"理想的、革命的和激进的"社会主义④。其中，世界产业工人联盟奉行的以暴力方式举行总同盟罢工、铲除国家制度、保留工业分工的"直接行动"理论吸引了他的注意力。

---

① 幸德秋水是通过美国社会劳动党党员雷奥巴德·弗莱希曼（Leopold Fleischmann）认识约翰逊的，此人是一位新闻记者，日俄战争前后曾在中国工作过，详见John Crump, *The Origin of Japanese Socialism*, London: Routledge, 2010, p.449.

② 在幸德秋水因"大逆事件"在1911年被日本政府处决之后，约翰逊将两人间的通信发表在由美国著名无政府主义者亚历山大·伯格曼（Alexander Berkman）与艾玛·古德曼（Emma Goldman）共同主编的《大地母亲》上，详见*Mother Earth*, vol.6, No.1, March 1911, p.182.

③ John Crump, *The Origin of Japanese Socialism*, London: Routledge, 2010, Chp. 8, pp. 299-310.

④ John Crump, *The Origin of Japanese Socialism*, London: Routledge, 2010, p.442.

1906年6月20日，幸德秋水归国后在东京神田锦辉馆的讲演向他的日本同志们宣告了自己思想上发生的这一重大变化。他宣称"总同盟罢工"已经成为当时世界革命的主流，日本社会党必须紧跟这一新的潮流[1]。基于立场的转变，1907年2月，在日本社会党第二次会议上，幸德秋水坚持要删去党纲中主张发动普选运动的内容，增加"议会政策是无能的"的条款，这个建议激起了他和堺利彦为一方，田添铁二为另一方的激烈争吵，在会议就决议案进行的投票中，堺利彦和幸德秋水一派取得了绝对优势[2]。自此以后，以幸德为首的"直接行动派"和以片山为首的"议会政策派"相互攻讦、谩骂，双方的纷争终于在同年7月19日英国工党代表哈叠来访日本时达到了高潮。片山派在8月10日成立"社会主义同志会"定于每周日举办活动，为了以示对抗，9月6日，幸德派组织了"金曜会"定于每星期五进行讲演[3]。虽然两派的争吵不断，但日本政府早在2月就已经下令解散了社会

---

[1] 吉川守圀：《荊逆星霜史－日本社会主義運動側面史》，东京：青木书店，1957年，第107页。
[2] 有关两派争论的情况，参看吉川守圀：《荊逆星霜史——日本社会主義運動側面史》，东京：青木书店，1957年，第152—158页。
[3] 卢坦：《日本明治时期的社会主义思想研究》，北京：中国社会科学出版社，2016年，第280页。

党。日本社会党是在西园寺公望内阁时期自由宽松的政治环境下于1906年2月成立的,当时幸德秋水已在美国。1907年7月,第二次桂内阁上台之后,开始加大了对社会主义者的弹压,誓言要根除社会主义。山县有朋先后借留美学生谋划暗杀天皇事件、"赤旗事件"以及指控幸德秋水阴谋暗杀天皇的"大逆事件",将战前的日本社会主义运动彻底打压了下去。

面对政府打压和社会党的分裂,深感前途无望的幸德秋水在1907年3月26日接到了章太炎和张继寄来的明信片,上面写着:"拜启:明日午后一时往贵宅聆听雅教,乞先生勿弃!"[1]这封信寄到了幸德秋水的东京寓所——大久保村中白人町,但不知何故会面的日子却被推迟了,据坂本青马的回忆,1907年4月,经由北一辉介绍,张继、章太炎,还有刚落脚东京的刘师培、何震夫妇一同拜访了幸德秋水[2]。此时正值清政府与日本当局交涉刚刚驱逐了孙中山,而章太炎因孙氏接受日本政府"馈金"有背叛革命之嫌而迁怒于他,混乱之中,

---

[1] 这张明信片迄今为幸德秋水的家人保存,参看石母田正著,李士苓译、曲直校:《辛亥革命和幸德秋水》,收入《国外近代史研究》第二辑,北京:中国社会科学出版社,1981年,第332页。
[2] 吉川榮一:《何震と幸德秋水》,载《熊本大学文学部论丛》第79卷,2003年3月,第17页。

刘师培提议改组同盟会,并推荐日本人北一辉与和田三郎入会,由于受到该会代理庶务长刘揆一的坚决反对才未能如愿①。这一事件揭开了同盟会内部以孙中山和黄兴为首的一派和以章太炎、张继为首的另一派走向分裂的序幕。事情起因于对孙中山过于依靠西方国家的革命策略不满的北一辉从中作梗,但从根本上来说,这也是孙、章两人在政治问题上的长期分歧所致②。总之,北一辉肯定说服了章、张、刘等人,并将他们寻求中国革命支持力量的目光转向了日本。然而,让北一辉始料未及的是,与幸德秋水、大杉荣和堺利彦等日本革命者的交往使张继的思想滑向了无政府主义③。至于幸德秋水与章太炎等四人所谈具体内容如何,我们不得而知。同年秋天,由张继和刘师培发起、在东京青山的"Indian House"(印度屋)成立了"亚洲和亲会";这是一个联合日本、中国、印度、安南(越南)、缅甸、朝鲜、菲律宾革命者的国际组织,从协会的英文名"Humanitarian

---

① 冯自由:《记刘光汉变节始末》,《革命逸史》,北京:新星出版社,2009年,第332页。
② 杨天石:《同盟会的分裂与光复会的重建》,收入《从帝制走向共和——辛亥前后史实发微》,北京:社会科学文献出版社,2002年,第122—142页。
③ 吉川荣一:《何震と幸德秋水》,载《熊本大学文学部论丛》第79卷,2003年3月,第17页。

Brotherhood"看，发起者希望正处于列强压迫的亚洲各民族和正在遭受政府弹压的日本社会主义者联合起来。参加"亚洲和亲会"的中国人除了张、刘两位之外，还有章太炎、景梅九、何震、苏曼殊、陈独秀、罗黑子等数十人之多。日本方面则有堺利彦、大杉荣、山川均、森近运平、宫崎滔天和竹内善朔等十余人，印度人有带某、朝鲜人赵素昂、菲律宾人怛某、越南人潘佩珠、邓子敬、阮琼林等十余人[①]。据参加该会的竹内善朔回忆，"这个会是以中国同志为中心的，是和印度同志协

---

① 关于"亚洲和亲会"成立的名称、时间和具体的参加者，当事人的回忆均有出入。中日史学界一般采用的说法有三种：（1）同盟会会员陶铸（字治公）回忆该会成立于1907年4月；（2）日本史学家石母田正认为成立日期为1907年7月；（3）日本社会主义者竹内善朔回忆是在1907年夏季。1982年，日本学者白石昌也根据当时住留东京的越南革命家、东游运动领袖潘佩珠的回忆材料（写于1914年的《狱中书》和写于晚年的《潘佩珠年表》两本书），结合中日方面材料和1907年日本政府的亚洲政策变化，就上述问题进行了详细而严密的考证，该文确定"亚洲和亲会"最有可能成立于"1907年秋"；证明了中日史料中所说的"亚洲和亲会""东亚同盟会"和"东亚亡国同盟会"实际上是同一组织，即"亚洲和亲会"；潘佩珠的回忆录还纠正了竹内善朔关于因朝日两国已经交恶，所以没有朝鲜人入会的说法，参看白石昌也：《明治末期の在日ベトナム人とアジア諸民族連携の試み:「東亜同盟会」ないしは「亜州和親会」をめぐって》，载《東南アジア研究》第20卷第3号，1982年12月，第335—372页。

商后发起的"[①]。这个回忆非常确切,因为同年4月章太炎曾受邀参加了住留东京的印度人纪念西婆奢王的集会,并在《民报》上发表文章记述了此事。邀请者"钵逻罕氏"(Mohammad Barkatullah)是一位激进的印度民族独立运动领袖,章太炎在文中一再提到的另一位印度人"保氏"或"保什氏"(Surendramohan Bose)也是一位印度革命者,"亚洲和亲会"第一次集会的会址就是被他用作革命活动中心而租赁的,协会约章的英文起草者是被称为"带氏"的印度革命者,在参加"亚洲和亲会"的越南东游运动领袖潘佩珠的回忆录里,他被称为"党魁带君"。在章太炎同期发表的有关印度的文章中,可以明显看出他已经形成了联合中印和亚洲的思想[②]。我们注意到章太炎与印度激进革命者交往之际,也正值他与张继等四人赴幸德秋水寓所与其会面之时。同样是在这段时期,幸德秋水也与住留东京的许多印度人有交往,1908年初在土佐中村养病的他回忆道,"我

[①] 竹内善朔著、曲直译:《本世纪初期中日两国革命者的交流》,收入《国外近代史研究》第2辑,北京:中国社会科学出版社,1981年,第342页。

[②] 林少阳:《章太炎"自主"的联亚思想:与日本早期左翼运动及亚洲主义、印度独立运动的关联》,收入《区域》第3辑,北京:社会科学文献出版社,2014年,第214—223页。

在东京见过许多印度青年，他们个个都是有品德、有气概、有学问的有为革命家，每当他们谈及故国人民生灵涂炭之时，都深慨痛愤，声泪俱下"，在谈到在东京的中印革命者时，还说像这样有气概和学识的菲律宾、安南和朝鲜人绝对不少①。参加"亚洲和亲会"的朝鲜人赵素昂，即朝鲜史料中的李镛殷，当时是明治大学的学生，20世纪10年代在上海从事朝鲜独立运动，1919年参加了设在上海的"大韩民国临时政府"。另外，刘师培在《亚洲现势论》也提到了"印度人某君""安南人某君""朝鲜人某君"②，可见《民报》社诸人与这些亚洲弱小民族的交往绝不算少。章太炎和张继还接济过越南人潘佩珠和他的弟弟，不但安排他在《民报》社食

---

① 白石昌也：《明治末期の在日ベトナム人とアジア諸民族連携の試み：「東亜同盟会」ないしは「亜州和親会」をめぐって》，載《東南アジア研究》第20卷第3号，1982年12月，第352頁。
② 白石昌也：《明治末期の在日ベトナム人とアジア諸民族連携の試み：「東亜同盟会」ないしは「亜州和親会」をめぐって》，載《東南アジア研究》，第20卷第3号，1982年12月，第353頁；刘师培文中提到的"越南某君所作《越南亡国史》"正是潘佩珠和他的名著，见《天义·衡报（上）》，第170页；1905年潘佩珠经行香港来到东京之初，拜会过梁启超并与他进行了短暂的"笔谈"，之后还曾再次见面长谈。1905年《越南亡国史》书成之后在梁启超资助下由上海广智书局出版，在此书"前录"里，梁启超详细记录了与潘佩珠的谈话内容，参看越南巢南子述、梁启超撰：《越南亡国史》，收入中国史学会主编《中法战争》第7册，上海：上海人民出版社、上海书店出版社，2000年，第508—549页。

宿，而且还让其充任《民报》社书记，并出钱帮助他弟弟学习日语[①]。虽然幸德秋水或许迫于警方的压力未能参加"亚洲和亲会"在青山举行的第一次集会，但"亚洲和亲会"的理念应当是他与章太炎、张继、刘师培和何震商谈的结果，这不能不归功于双方在1907年4月的那次会面。在4月3日发表于日刊《平民新闻》上的《大久保村来函》一文中，幸德秋水说："社会党的运动是世界性的运动，没有人种和国界的区分。……中国革命主义者和日本社会运动的携手合作，正像欧洲各地的社会党几乎已经联成一体、展开共同活动那样，亚洲各国的社会党也必须结成一体，进而向全世界推进革命运动。"[②]在"亚洲和亲会"结成之后的10月20日，幸德秋水在谈及印度革命时，说自己坚信世界主义到来的日子已经不远，但是，如果他们不奉行世界革命党联合提携之策的话，就很难达到他们的目的。1908年1月，他再次呼吁菲律宾、越南、朝鲜的革命家不分国家、不分

[①] 白石昌也：《明治末期の在日ベトナム人とアジア諸民族連携の試み：「東亜同盟会」ないしは「亜州和親会」をめぐって》，载《東南アジア研究》第20卷第3号，1982年12月，第354页。

[②] 石母田正著，李士苓译、曲直校：《辛亥革命和幸德秋水》，收入《国外近代史研究》第2辑，北京：中国社会科学出版社，1981年，第330页。

第三章　世界主义、种族革命与《共产党宣言》中译文的诞生　241

人种，直接形成在世界主义和社会主义旗帜下的"大联合"，倘若如此，那么"20世纪的亚洲将成为革命的天地"①。日俄战争之后，来自中国、印度、越南、朝鲜、菲律宾等亚洲遭受西方列强压迫的各个国家的青年革命者纷纷踏上日本国土，希望从日本这个刚刚战胜"白人"强权的国家得到支援。在日俄开战前后，日本政府允许俄国战俘和移民在本土从事颠覆沙皇的无政府主义革命活动，东京和横滨一时间成了整个亚洲的革命中心。然而，如日本学者白石昌也所说，这个政治中心非常薄弱，因为已经跻身于列强的日本政府在1907年全面调整了其亚洲政策。为了与西方列强保持在华利益上的均势，日本政府开始配合清政府、英国、法国和俄国打击本国境内的革命力量。在此局势之下，住留东京的中印革命者一方面对日本政府感到失望，另一方面愈发感到单个民族和国家力量的不济，于是，基于一种"同病相怜"的感情，产生了与同样遭到政府残酷弹压的日

---

① 转引自白石昌也：《明治末期の在日ベトナム人とアジア諸民族連携の試み：「東亜同盟会」ないしは「亜州和親会」をめぐって》，载《東南アジア研究》，第20卷第3号，1982年12月，第361页。

本社会主义者进行联合的愿望①。

　　就在中日革命者初次会谈之后，1906年6月10日，何震和刘师培创办了《天义》，该报虽然宣称为"女子复权会"的机关报，但从它的宗旨来看，与"亚洲和亲会"约章的精神基本是一致的，即所谓"破除国界、种界，实行社会主义、实行世界主义。抵抗世界一切之强权。颠覆一切现今之人治。实行共产制度。实行男女绝对之平等"②。"亚洲和亲会"成立的同时，张继和刘师培开始筹划"社会主义讲习会"，明确指出民族主义革命的偏颇，主张在中国推行社会主义③。1907年8月31日，"社会主义讲习会"举行了第一次讲演会，幸德秋水应邀作了关于"自由社会主义"或"无政府主义"的讲演，他认为无论"满洲立宪，无论排满之后另立新世界，势必举欧美、日本之伪文明推行于中国"，使中

---

① 白石昌也：《明治末期の在日ベトナム人とアジア諸民族連携の試み：「東亜同盟会」ないしは「亜州和親会」をめぐって》，收入《東南アジア研究》第20卷第3号，1982年12月，第357—368页。
② 《简章》，《天义报》第1、2号合册重印本封三，1908年5月，转引自万仕国、刘禾校注：《天义·衡报（上）》，北京：中国人民大学出版社，2016年，第589页。
③ 《社会主义讲习会广告》，万仕国、刘禾校注：《天义·衡报（上）》，北京：中国人民大学出版社，2016年，第585页。

国人民"尤为困苦"[①]。7月21日,张继和刘师培等人受邀参加了日本社会主义者为英国工党代表哈叠来访召开的欢迎会,该会的主导者是片山潜和田添铁二。由于英国工党奉行议会政策[②],自诩为正统社会主义的片山派有意借此来羞辱幸德派。9月1日,《天义报》刊登了幸德秋水派正在酝酿开办"金曜讲演会"的消息[③]。9月6日,张继、刘师培等人应邀参加了此次会议。值得注意的是本次会议讨论的两个议题,即"评哈叠氏"和"论ジュラ同盟"[④]。前者显然是对第二国际议会政策的批判,后面议题所涉及的"茹拉联盟"(Fédération Jurassienne)是第一国际时期由巴枯宁主义者在瑞士茹拉山区建立的一个实施联邦主义或同盟主义和无政府主义制度的实验区,这是当时世界无政府主义的中心基地。克鲁泡特金在他的《革命回忆录》中曾经热烈地赞

---

① 《社会主义讲习会第一次会议开会记事》,万仕国、刘禾校注:《天义·衡报(上)》,北京:中国人民大学出版社,2016年,第310页。
② 《日本社会党欢迎英开耶哈迭氏记事》,万仕国、刘禾校注:《天义·衡报(上)》,北京:中国人民大学出版社,2016年,第307页。
③ 《日人社会主义金曜讲演会广告》,万仕国、刘禾校注:《天义·衡报(上)》,北京:中国人民大学出版社,2016年,第311页。
④ 《日本社会主义金曜讲演会记》,万仕国、刘禾校注:《天义·衡报(上)》,北京:中国人民大学出版社,2016年,第314页。

颂过"茹拉同盟"平等、独立和自由的社会环境[1]，由此转变成为一个无政府主义共产主义者。1905年11月，幸德秋水在去往美国的海船上认真地阅读过克氏的这本著作。直到此时，一个没有权力压迫的、讲求人与人自由平等结合的小团体式的无政府主义政治理想强烈地吸引着他。《天义》连续记载了"金曜讲演会"举办的7次会议，以及"社会主义讲习会"举办的8次讲演[2]。在两种讲演会上，中日社会主义、无政府主义者交替出现，每次讲演的时间间隔不过一两周。从日本外务省秘密档案《清革命者与社会主义》看，当局密切监视着这些活动[3]。1918年3月8日，钱玄同在日记中报告当日有"某君演述"《共产党宣言》[4]，数天之后，《宣言》的序

---

[1] Peter Kropotkin, *Memoirs of a revolutionist,* vol.2, London: Smith Elder, 1899, chp. 4, pp.1-138.
[2] "社会主义讲习会"（1908年4月12日改名为"齐民社"）共举行21次讲演（杨天石：《社会主义讲习会资料》，收入《中国哲学》第1辑，第374—375页），但或许顾忌到日本政府的审查，《天义》并未记载所有会议的内容。
[3] 王汎森：《反西化的西方主义和反传统的传统主义——刘师培与"社会主义讲习所"》，收入《中国近代思想与学术的系谱》，石家庄：河北教育出版社，2001年，第207页。
[4] 钱玄同著、杨天石主编：《钱玄同日记整理本（上）》，北京：北京大学出版社，2014年，第121页。

言和第一章的中译文就出现在了《天义》上[①]。

三、无产阶级革命/平民革命

在激烈反对正在进行中的日俄战争，积极寻求由德国社会民主党领导的第二国际理论支持的情境中，幸德秋水和堺利彦翻译和发表了《宣言》的第一个日文译本。在经过警方的查禁和合法斗争之后，堺利彦被允许以"历史事实"和"学术资料"形式再度修改和发表《宣言》的日译文，因此1906年3月出现在读者面前的译文是以"不扰乱社会秩序为前提的"[②]，换句话说，与第一个译文相比，第二个译文至少应当是更加平和一些。民鸣的中译依据的就是1906年堺利彦的重译本，这一点单从两篇文章题目完全相同的书写方式就可以看得

[①] 此前，何震在《经济革命与女子革命·附录》（《天义》第13、14卷合刊，1907年12月30日）一文中节录了《宣言》第二章有关妇女解放的一节；1908年1月15日，《天义》发表了恩格斯为1888年英文版《宣言》所作序言的中译文（《〈共产党宣言〉*The Communist Manifesto* 序言》，民鸣译：《天义报》第15卷）。由此可见，《宣言》的翻译发表过程至少持续了3个月的时间。

[②] Karl Marx and Friedrich Engels,《共产党宣言 *The Communist Manifesto*》，收入《幸德秋水全集》第五卷，东京：精兴社，1968年，第447页，原载《社会主义研究》第1号，1906年3月15日。

出来①。刊行第二个日译文的《社会主义研究》杂志第1号（1906年3月）很有可能就是译者本人，或者是经常到"社会主义讲习会"讲演或教授世界语的山川均、大杉荣等人。但是在民鸣开始酝酿翻译之时，无论是日译者，还是主持中文翻译的刘师培都转向了无政府主义，这意味着《宣言》在英文、日文和中文之间的转换不仅仅体现为译者对语言透明性追求，相反它首先是作为一种历史和政治事件的跨语际实践，其中所透露的是不同的政治立场、文化传统和社会想象之间的战斗②。在此，我们关心的问题是，面对陌生的异质语言，译者选取什么样的译词来表述已经变化了的政治理念？这些被选择出来的译词怎样激活了不同的文化传统？它们又是如何驱动了译者的社会想象？

在为中译文撰写的简短序言中，刘师培将《宣言》与对当时欧洲各国社会民主党满足于在一国范围之内进行议会斗争的批判结合起来，强调了劳动者进行国际联

---

① 陈力卫也指出了这一点，见《让语言更革命——〈共产党宣言〉的版本和译词的尖锐化》，载孙江主编《新史学》第2卷，北京：中华书局，2008年，第192页。
② 关于跨语际实践，详见Lydia H. Liu, *Translingual Practice: Literature National Culture and Translated Modernity, China, 1900–1937*, Stanford: Stanford University Press, 1995, pp. 1-45.

合的必要性，他说："观此《宣言》所叙述，于欧洲社会变迁，纤悉靡遗，而其要归，则在万国劳民团结，以行阶级斗争，固不易之说也。"接着，他话锋一转，将《宣言》的主张与无政府主义学说拉开了距离："惟彼所谓'共产'者，系民主制之共产，非无政府制之共产也。故共产主义渐融于集产主义中，则以既认国家之组织，致财产支配不得不归之中心也。"[①] 由此可见，刘师培和中译者民鸣是本着劳民"去中心的联合"这样的理论诉求来阅读《宣言》的，很显然这是严格意义上的批判性阅读。

《共产党宣言》揭示了资本主义社会以前出现的多种人类联合体或共同体形式，认为无论是史前社会的原始人群、氏族、部落，还是有文字记载以来形成的行会、寺院和中世纪的各种自治团体等等都是随着人们经济活动和交换方式的变化而产生和消亡的。在1888年英文版《宣言》中"至今一切社会的历史都是阶级斗争的历史"这句话的下面，恩格斯补充了一条注释，对马克思的上述结论做出了限定。从这条注释里我们知道，马

---

① 申叔（刘师培）：《〈共产党宣言〉序》，载《天义》第16、19卷合刊，1908年3月，万仕国、刘禾校注：《天义·衡报（上）》，北京：中国人民大学出版社，2016年，第420页。

克思在1847年撰写《宣言》时，对人类史前社会的状况还不十分了解。但马克思出于自己的理论兴趣一直对这方面的考古学和人类学著作非常感兴趣，从1850年代开始，他先后阅读了哈克斯特豪森关于俄国原始农业经济状况的调查、毛勒对条顿人建立的"马尔克公社"的描述，特别是摩尔根关于北美易落魁人原始部落的研究，这些学者对"原始共产主义社会"的发现[1]，印证了马克思关于阶级社会并非像当时的社会学家们普遍认为的那样是一种自然现象，从而使他对一个新兴的阶级——无产阶级的革命更加充满了希望。《宣言》英译本的注释中保留了摩尔根的两个关键性术语，即"氏族"（gens）和"部落"（tribe）[2]。前者是指拥有一个共同的祖先和家族名称的史前人类集体，其本质是具备了社会和管理体系的组织单位，按照这位人类学家的定义，它是古代社会的根本基础[3]；后者是由操同一种方言的两三个氏族相互通婚而构成的社会组织，摩尔根的"族

---

[1] Thomas Carl Patterson, *Karl Marx, Anthropologist*, Oxford: Berg, 2009, pp.105-116.

[2] Karl Marx and Friedrich Engels, *Collected Works,* vol.6, New York: International Publishers, 1977, p.482.

[3] Lewis H. Morgan, *Ancient Society or Researches in the Lines of Human Progress from Savagery Through Barbarism to Civilization*, Chicago: Charles H. Kerr & Company, 1877, pp.67-68.

第三章　世界主义、种族革命与《共产党宣言》中译文的诞生　249

群"（nation）则是由一个政权进行统治的多个部落组成，并且拥有共同的方言和领土①。在摩尔根眼里，由氏族到部落、再到族群是原始社会的典型进化历程。然而我们看到，日译文和中译文均未将这两个术语译出，而代之以"家族"一词，这使《宣言》英文版强烈的历史感消失殆尽。不仅如此，家族或家庭是日译者堺利彦转向社会主义之前一直关注的问题。明治初年日本工业化的迅速发展，使支撑传统社会的伦理观念遭到了严峻的挑战，在知识界就此展开的激烈讨论当中，堺利彦将家庭视为能够对抗资本主义的乌托邦和践行"新道德"的阵地②。可以说，与《宣言》通过经济革命来重建家庭伦理的主张不同，家庭革命在堺利彦那里是在道德框架之下进行的社会革命的起点。透过"家族"这个译词，我们看到了两位日译者鲜明的道德视点，这种道德观被传递到中译者和读者那里。

1916年5月，在《民报》与梁启超主编的《新民丛报》就中国应实行君主立宪还是社会革命进行的论战当中，朱执信发表文章，告诫立宪党人应区分政治革命与

---

① Lewis H. Morgan, *Ancient Society or Researches in the Lines of Human Progress from Savagery Through Barbarism to Civilization*, p.104.
② Christine Levy, "Sakai Toshihiko, de l'utopie familiale à la guerre des sexes"，《初期社会主义研究》第25号，1904年5月，第210—194页。

社会革命的主客体:"凡政治革命之主体为平民,其客体为政府(广义)。社会革命的主体为细民,其客体为豪右。平民政府之义今既为众所共喻,而豪右、细民者则以欧文Bourgeis 、Proleterians之二字。其用间有与中国文义殊者,不可不知也。日本于豪右译以资本家或绅士阀。资本家所有资本,其为豪右,固不待言。然如运用资本之企业家之属,亦当入豪右中,故言资本家不足以包括一切。若言绅士,则更与中国义殊,不可袭用。故暂赐以此名。至于细民,则日本通译平民,或劳动阶级。平民之义,多对政府用之。复以译此,恐致错乱耳目。若劳动者之观念,则与中国自古甚狭,于农人等皆不函之,故亦难言过当。细民者,古义率指力役自养之人, 故取以为译也。"[①] 在民鸣的《宣言》中译文发表前,刘师培显然已经接受了朱执信将"Proletarians"译为"细民"的做法,在介绍克鲁泡特金的学说时,他说:"乃保护资本家之产业,助之劫掠细民。"[②] 但是

[①] 县解(朱执信):《论社会革命当与政治革命并行》,载《民报》第5号,1906年6月,第52—53页。按:"Bourgeis""Proleterians"分别系"Bourgeois"和"Proletarians"之误。

[②] 申叔(刘师培):《苦鲁巴特金学术略述》,载《天义》第11、12卷合册,1907年7月,万仕国、刘禾校注:《天义·衡报(上)》,第259页。

对朱执信颇费斟酌而选取的"豪右"一词他却并不以为然,而是坚持日译文中的"绅士"译法,尽管他心里非常明白,所谓"绅士"是指"中级市民进为资本家者言,与贵族不同,犹中国俗语所谓'老爷',不尽指官吏言也"①。那么,中译者为什么坚持这样做呢?答案应该是他试图与日译者保持同一种思想立场。作为译者,幸德秋水和堺利彦内心非常清楚"绅士/平民"这对译词其实并不贴切,因为在1888年英文版中,恩格斯还特意就如何界定"Bourgeois/Proletarians"做出了一条意义非常明确的注释:"资产阶级是占有社会生产资料并使用雇佣劳动的资本家阶级,无产阶级是指没有生产资料,因而不得不靠出卖劳动力来维持生活的现代雇佣工人阶级。"② 两位日译者也如实翻译出了这句话,所以我们没有理由把采用上述"不贴切"译法的原因归结为当时"日本的工业化水平不高,资本家和雇佣工人的现象尚不为一般民众所熟悉"③。果真如此,那么日译者

---

① "申叔附识",载《天义》第16—19卷合册,1908年3月,万仕国、刘禾校注:《天义·衡报(上)》,第431页。
② 马克思和恩格斯:《共产党宣言》,收入《马克思恩格斯文集》第1版,北京:人民出版社,2009年,第31页。
③ John Crump, *The Origin of Japanese Socialism*, London: Routledge, 2010, pp. 215-216.

完全可以用日文片假名来表记它们，这已经是明治时期日本翻译西书的惯例。实际上，堺利彦后来在1921年根据1872年、1890年德文版全面修订《宣言》日译文时就是将"Bourgeois/Proletarians"的译词修改为"ブルジョア/プロタリア"①，而且这种做法一直沿用至今②。

经过"反复推敲"之后，幸德秋水和堺利彦决定选择"绅士"和"平民"这对译词凸显了二人在看待当时日本出现的贫富分化问题上所持的道德立场。在"译者云"中，他们补充解释道，"'绅士'本来的意思是指君子，但根据近来日本出现的诸如'绅士''绅商'的说法，作为表现那些变得自私自利和恶俗不堪的一般上流社会人物的词汇，可见它们颇为贴切。但是在这里还可译为'市民'和'绅商'。平民的原词是'Proletarians'，也可译为'劳动者'或'劳动阶级'"③。堺利彦在1930年回忆道，当初之所以选择"平民"这个译词是考虑到了"平民社"和《平民新

---

① マルケス・エゲルス著、堺利彦、幸德秋水译：《共产党宣言》决定版，东京：彰考书院，1957年，第3页。
② カール・マルクス著、金塚贞文译：《共产主义者宣言 Das Kommunistische Manifest》，东京：平凡社，2012年，第13页。
③ Karl Marx and Friedrich Engels,《共产党宣言 The Communist Manifesto》, 收入《幸德秋水全集》第五卷，东京：精兴社，1968年，第427页；原载周刊《平民新闻》第53号，1904年11月13日。

闻》宣扬的"平民主义"思想①。鉴于《宣言》的首次日译发表在《平民新闻》一周年纪念号上，堺利彦16年后的回忆完全与当年的事实相符。由"平民社"同人共同署名的《宣言》（1904年11月）曾经这样声称道，"吾人为了实现人类的自由，欲打破因门阀的高下、财产的多寡、男女的差别而产生的阶级，去除一切压制束缚"②。幸德秋水在同一时期发表的《平民与社会主义》一文中，频频以"智慧""正直"和"素朴"的"平民"或"劳动者"与"文明""优雅"和"不德的"的"绅士贵女"对举，并且指出占人口大多数的平民尽管身处饥饿、穷困和流离之中，但他们应拒绝少数绅士贵女们出于伪善向他们提供的"保护、救济和慈善"，要求恢复自己的工作和生活的权利③。将包括日本传统社会中非武士阶层，即农民、手工业者和商人以及新近出现的工人和职员在内的大多数民众动员起来，并把他们塑造成为一支对抗少数富人阶层的力量，这是

---

① 堺利彦：《共産党宣言日本訳の話》，载《労農》第4卷第2号，1930年4月，转自玉岡敦：《〈共産党宣言〉邦訳史における幸徳秋水/堺利彦訳（1904，1906年）の位置》，载《大原社会問題研究所雑誌》No.603／2009.1，第16页。
② 转引自吉川守圀：《荊逆星霜史——日本社会主義運動側面史》，东京：青木书店，1957年，第19页。
③ 幸德秋水：《平民主義》，东京：隆文馆，1907年4月，第3—5页。

幸德秋水和堺利彦放置在《宣言》语境中的"平民"含义，这一以自由民权理念和人口数量为出发点的平民思想，在其倡导者转向采用"直接行动"策略之后自然而然地走向了所谓"中等阶级"思想。中等阶级的塑造实际上从1903年撰写《社会主义神髓》以来一直被幸德秋水视为社会主义的目标："社会主义的目标是提升整个社会，并把每个成员都变成中等阶级的一员。"[①] 1907年1月，日刊《平民新闻》刊发了一篇题为《中等階級の話》的文章，其大意是：引领时代的中等阶级已经成为整个社会的中流砥柱，旧式的中等阶级在渐渐减少，新生的中等阶级数量在不断上升。中等阶级包括官吏、职员、教师和店员，他们在智识学问上并不属于旧式中等阶级，随着社会的变迁，他们选择了两个不同的方向。其中的一些人顺应了资本家，另一些人则因对社会不满走向了拥有社会思想的社会主义道路。该文的作者西川光次郎认为包括自己在内的日本社会主义者均出身于这个中等阶级[②]。与多数平民或中等阶级形成对立之势，幸德秋水和堺利彦将《宣言》中的"Bourgeois"

---

① 转引自 Robert Tierney, "Kotoku Shusui, From the Critique of Patriotism to Heminism"，《初期社会主义研究》第25号，2014年5月，第182页。
② 吉田悦志：《日刊〈平民新闻〉における〈中等階級〉論》，《文艺研究》第45号，2009年2月，第68页。

视为当时在日本社会已经出现的富人阶层,并把表示"Bourgeois"状态和群体的"Bourgeoisie"视为造成富人阶层产生的某一社会集团——"绅士阀":按照幸德秋水的看法,统治当时日本社会的是由少数人组成的"藩阀集团",他们控制着国家并从自己发动的日俄战争中获利。来自自由民权思想故乡——土佐的幸德秋水,一直眷恋着只有在日本传统武士身上才能找得到的那种纯粹道德和肝胆侠义。然而,眼下的日本却堕落成为一个由形形色色排他势力相互勾结、相互争夺而形成的社会——"阀的社会":党阀、财阀、门阀、宗阀和学阀[①]。难怪日译者在情感上会觉得以"绅士"和"绅士阀"来描述日本当时的社会"颇为贴切"。可见,构造强大的中等阶级来对抗富人和资本家,此时俨然成为幸德派社会主义者的共识。从刘师培将"Bourgeois"解释为"中级市民进为资本家者"的情况来看,他显然密切地把握到了幸德派的思想动向,试图在中译文中强化平民阶级的构造与革命的意涵。试比较以下语句:

[①] Robert Tierney, "Kotoku Shusui, From the Critique of Patriotism to Heminism",《初期社会主义研究》第25号,2014年5月,第182页。

1890德文版：

Die ganze Gesellschaft spaltet sich mehr und mehr in zwei grosse feindliche Lager, in zwei grosse, einander direkt gegenüberstehende Klassen: Bourgeoisie und Proletariat.

1888英文版：

Society as a whole is more and more splitting up into two great hostile camps, into two great classes directly facing each other: Bourgeoisie and Proletariat.

1897法文版[①]：

La société se divise de plus en plus en deux vastes camps opposés, en deux classes ennemies: la Bourgeoisie et le Prolétariat.

1908中文版：

故今日之社会离析日甚一日，由双方对峙之形，以呈巨大之二阶级。此阶级惟何？一曰绅士，二曰平民。

1906日文版：

今の社會は全體に於て、刻一刻に割裂して、

[①] Karl Marx et Friedrich Engels, *Manifeste du parti commmuniste*, traduit par Laura Lafargue, Paris：v. Giard & e. Brière,1897, p.7.

両個相敵視する大陣營、直接に相對立する二大階級を現じつつあるなり。何の階級ぞや。曰く紳士曰く平民。

2009中文版：

整个社会日益分裂为两大敌对的阵营，分裂为两大相互直接对立的阶级：资产阶级和无产阶级。

在这里，马克思用德文"spalten"（分裂）一词来描绘由资本主义生产方式造成的、基于阶级利益分裂而形成的社会状况。然而，与马克思的其他术语一样，我们应在黑格尔辩证法的意义上来把握它，所谓"分裂"中包含了"联合"之义：资本驱使工人集中于工厂，但自由竞争又将他们彼此分离，共同的阶级利益最终使他们联合起来对抗资本家。在理论层面，马克思依据黑格尔的辩证法原则，把资产阶级与无产阶级的对立视为矛盾的两个对立面；在经验层面，二者之间日益加剧的对立和仇视并非基于人性的善恶，而是资本主义社会结构的必然结果[1]。对比以上各语种译文，可以明显感觉到1906日文版饱含强烈的道德激情。日译文的"割裂"一词不仅使文句语气尖锐化，而且固化了资产阶级和无

---

[1] Etienne Balibar, *La philosophie de Marx*, Paris: La découverte, 2010, p.23.

产阶级在道德地图上的位置，遮蔽了二者在历史上彼此生成的过程。1908中文版由于以"离析"替换了"割裂"，取消了"敌视"，读起来要比1888英文版还要温和。"离析"不但从文义上更接近于"splitte"①，而且凸显了幸德秋水派有关中等阶级逐渐分化为资本家和社会主义者的观点，隐藏了占社会多数的平民基于共同生存权之上的联合趋势。再看下面一句话：

1890德文版：

Das Proletariat, die unterste Schichte der jetzigen Gesellschaft, kann sich nicht erheben, nicht auflichten, ohne dass der ganze Überbau der Schichten, die die offizielle Gesellschaft bilden, in die Luft gesprengt wird.

1888英文版：

The proletariat, the lowest stratum of our present society, cannot stir, cannot raise itself up, without the whole superincumbent strata of official society being sprung into the air.

---

① 由此看，笔者怀疑中译者民鸣似参照了1888年英文版《宣言》。

1901法文版[①]：

Si le Prolétariat, couch inférieure de la société présente, se soulève se redresse, il faudra bien que toute la superstructure de couches qui formela société officielle soit emportée dans l'explosion de ce soulèvement.

1906日文版：

現在社會の最下層たる此平民は、公權社會上層の全部が空中に吹き飛ぶ、決して自ら動き自ら登ること能はず。

1908中文版：

然社会最下层之平民，非与社会之上层相接，亦不能自奋而自兴。

2009中文版：

无产阶级，现今社会的最下层，如果不炸毁构成官方社会的整个上层，就不能抬起头来，挺起胸来。

句中德文"Sprengen"确为"炸毁"之义。比较而

---

① Karl Marx et Friedrich Engels, *Le manifeste communiste*, traduit par Charles Andler, Paris: société nouvelle librairie et d'édition, 1901, p.38.

言，1901法文版的 "emporter dans l'expostion" 最忠实于此义，译者查理·安德勒曾被誉为"法国日耳曼学之父"，他是著名的社会主义者。日译文跟随英译文弱化了上述意义，而1908中译文将日译文中的双重否定句改为了简单肯定句，几乎失去了德文版原有的激烈语气。"相接"的语义非常暧昧，究竟是"彼此交手"，"相互接触"还是相互接近？恐怕最后一种含义更符合刘师培和中译者的意图：处在社会最底层的平民想要立足于社会，必须经过一番与社会上层的争斗，从而将自己提升为上层社会。果真如此，那么这分明意味着多数下层平民的"自奋"和"自兴"仅限于在现存社会的既定框架下争取与中层和上层分享平等的地位。因此，平民只是有待于上升为新兴资产阶级的人群而已，从而失去了成为无产阶级那样的政治革命主体的资格，这就与《宣言》中马克思下面的话直接发生了矛盾：

1890德文版：

Die bisherigen kleinen Mittelstände, die kleinen Industriellen, Kaufleute und Rentiers, die Handwerker und Bauern, alle diese Klassen fallen ins Proletariat hinab...

Sind sie revolutionär, so sind sie es im Hinblick auf

第三章 世界主义、种族革命与《共产党宣言》中译文的诞生　261

den ihnen bevorstehenden Übergang ins Proletariat...

1888英文版：

The lower strata of the middle class —the small tradespeople, shopkeepers, and retired tradesmen generally, the handicraftsmen and peasants—all these sink gradually into the proletariat...

If by chance they are revolutionary, they are so only in view of their impending transfer into the proletariat...

1906日文版：

中産階級の下層——行商人、小賣商人、及び一般の商人上り、諸職人と農夫、総て是等の者は漸次平民の間に沈まざるを得ず。

若し彼等にして真に革命的なる場合ありとせば、そは彼等が将に平民に落ちんとするを悟るが為めに外ならず。

1908中文版：

中等阶级之下层，如行商、小卖商、诸职人，以及农夫亦渐次而降为平民。

使彼等而果为革命，则非与平民为伍不可。

2009中文版：

以前的中间等级的下层，即小工业家、小商人和小食利者，手工业者和农民——所有这些阶级都降落到无产阶级的队伍里来了……

如果说他们是革命的，那是鉴于他们行将转入无产阶级的队伍……

首先，日文的"中産階級"不能等同于马克思的"Mittelstände"（中间阶级），因为他们中的手工业者和农民或许并不占有生产资料；其次，如前文所揭，幸德秋水眼中的平民严格来说就是中等阶级或者中间阶级，如果说前者降落为后者，那么这本身就构成了语义重复。须知，马克思的原意应当是本来属于社会中层的人因在资本主义自由竞争中失去了财产，从而沦落为无产阶级，反过来说，中间阶级只有在失去财产而落入无产阶级队伍中时，才具备革命的可能性。幸德秋水和堺利彦两位日译者以及刘师培和民鸣均无视《宣言》相应段落的讽刺意味，反而把中间阶级加入平民队伍看做是前者成为革命者的必要条件而非可能条件。日译文和中译文显然是以这种翻译策略在进行中等阶级或者平民革命的动员，而他们视之为革命主体的平民的范围被无限夸大，以至于它甚至涵盖了"Bourgeois"，幸德秋水在1904年初次翻译《宣言》时的确认为"Bourgeois"或可译为"市民"，果真如此，"市民"与"平民"二者的区分又在哪里呢？假如二者是指同一社会阶层，那么资产阶级和无产阶级便可相安无事。马克思与黑格尔一样，认为人类社会生活的本质是需要和为了满足需要而进行的劳动生活体系。在全部的劳动生活体系中，"处于相同社会关系中的个体和团体，也就是说，他们因属于同一经济活动的范畴而构成了一个阶级"，1920年代，接替考茨基成为德国社会民主党理论家的海因里希·库诺在研究了马克思有关阶级的论述基础之上，指出划分阶级的标准不是财产的多寡、收入的多少和职业的种类，而是"经济活动的方式和由之决定的社会成员在社会经济机构中所处的地位"。因此，马克思在《资本论》中将资本主义社会的阶级划分为三个，即地主、资本家和雇佣工人[1]。除了依据纯粹经济地位来划分阶级之外，马克思还在《路易·波拿巴的雾月十八日》（1856）里提出了在经济生活中基于共同生活方式、利益和教育程度而形成的一个阶级——小农阶级[2]，可以说这是一个社会阶级[3]。在《宣言》里我们看到，城市

---

[1] Heinrich Cunow, *Die Marxsche Geschichts-, Gesellschafts-und Staatstheorie*, Bd.2, Berlin: Vorwärts, 1921, p.53.
[2] 《马克思恩格斯文集》第1卷，北京：人民出版社，2009年，第566—567页。
[3] Marco Iorio, *Karl Marx- Gesichte, Gesellschaft , Politik*, Berlin: Walter de Gruyter, 2003, p.208

工人阶级正在由经济阶级过渡到社会阶级，而且有待上升为政治阶级。幸德秋水心目中的"平民"既非经济阶级，也非社会阶级，只能是一个国家之内的社会等级，就像法国大革命时期的"第三等级"一样。除去幸德秋水在日俄战争前后对国家主义的批判之外，所谓平民等级的革命完全就是拉萨尔主义，马克思就曾经对后者将工人阶级视为含混的"工人等级"非常不满[1]。日译文和中译文《宣言》对"平民"定位的模糊性全面消解了德文版和英文版《宣言》中无产阶级的革命性。幸德秋水的平民革命主张隐藏着两条非常容易相互转化的路线：当中等阶级在国内争取平等权利时，他们采用的策略是议会民主政策；而一旦他们的平等诉求遭到拒绝和压制时，一切形式的国家、政府等等外在的权力本身就变成了他们的死敌。

四、《共产党宣言》与清末革命思想的分化

1847年爆发的商业危机使马克思深感资产阶级已经无力控制自己创造出来的"庞大的生产资料和交换手

---

[1] Heinrich Cunow, *Die Marxsche Geschichts-, Gesellschafts-und Staatstheorie,* Bd.2, Berlin: Vorwärts, 1921, p.63.

段",在《宣言》中,他首次完整地提出了资本主义的危机理论,将其原因归结为强大的生产力试图突破资产阶级对生产资料的独占。另一方面,马克思认为资产阶级用来克服危机的方式,即消灭既有生产力和开拓市场,不但无法消除上述危机,反倒为资产阶级"准备了更全面更猛烈的危机"。遵循黑格尔辩证法,马克思把资产阶级的失败看做是人类历史必然经历的发展环节,它势必伴随着作为矛盾对立面——无产阶级的崛起。《宣言》的核心意义在于号召无产阶级在意识到上述历史必然性时联合起来,将自己缔造成一个社会阶级和政治阶级,作为革命的主体参与这一历史进程。因此,与反抗资本家的个人和个别群体不同,在《宣言》中,无产阶级还是一个尚待塑造的阶级,这首先须协调自由竞争造成的内部利益冲突、进而培养共同的阶级意识、壮大工人的联盟,最后建立工人阶级政党,只有在经历了这些必要的环节之后,工人阶级才能成为一支革命领导力量[1]。然而,《宣言》的中译者并不认同马克思描述的资产阶级自动消亡的趋势,而把顺应这一历史趋势而

---

[1] 在1847年7月撰写的《哲学的贫困》中,马克思尚未提出建立无产阶级政党的思想,参看《马克思恩格斯文集》,北京:人民出版社,2009年,第655页。

组织起来的无产阶级革命转换成为了无政府主义的单纯颠覆活动。请看下面一句话:

1890德文版:

Die Produktivkräfte, die ihr zur Verfügung stehen, dienen nicht mehr zur Beförderung der bürgerlichen Eigentumsverhältnisse; im Gegenteil, sie sind zu gewaltig für diese Verhältnisse geworden, sie werden von ihnen gehemmt; und sobald sie dies Hemmnis überwinden, bringen sie die ganze bürgerliche Gesellschaft in Unordnung, gefährden sie die Existenz des bürgerlichen Eigentums.

1888英文版:

The productive forces at the disposal of society no longer tend to further the development of the conditions of bourgeois property; on the contrary, they have become too powerful for these conditions, by which they are fettered, and so soon as they overcome these fetters, they bring disorder into the whole of bourgeois society, endanger the existence of bourgeois property.

1908中文版:

彼劳民应社会之命,从事于生产。今不甘为绅士所利用，以发达其财产制度，然认此制度为有力，乃超其上而加以躏践，使绅士社会全部驿骚。即其存在之财产制度，亦陷于至危。

1906日文版：

社會の命に應ぜんとする彼の生産力は、今や既に紳士の財産制度を發達せしむるの具とならず、却つて其制度に比して餘りに有力となり、其制度が奧へんとする障礙を超越して之を蹂躙し、紳士社會の全部に混亂を來さしめ、其財産制度の存在を危からしむ。

2009中文版：

社会所拥有的生产力已经不能再促进资产阶级文明和资产阶级所有制关系的发展；相反，生产力已经强大到这种关系所不能适应的地步，它已经受到这种关系的阻碍；而它一着手克服这种障碍，就使整个资产阶级社会陷入混乱，就使资产阶级所有制的存在受到威胁。

在这里，"生产力"作为一个抽象的范畴，并不简单地是劳动力，而是具备生产力的劳动者、工具、机器和器具，以及能够被制作成产品的物质如原材料等[①]。中译者民鸣将句中的"生产力"简化和替换为"劳民"之后，并未顾及与后面语句的一致性，索性改写了马克思的原话，从而构造了一个无政府主义者的理想和神话：他已经迫不及待地要付诸暴力行动了。

究竟是以理性的态度逐步将工人阶级组织成为政党，在国家法律内走合法的议会道路，还是采取直接行动来破坏国家的秩序？自1905年开始，这个问题就成了第二国际及其领导者——德国社会民主党内部激烈争论的核心议题。俄国革命者在1905年普遍发动的工人罢工、农民起义和军人哗变迫使沙皇政府进行了一系列的民主改革，这激发了世界各地革命者对直接行动策略的热情。在这种情势下，西欧各国的社会党纷纷对德国社会民主党的"资产阶级性质"提出质疑。然而，考虑到总罢工的效果非常有限，一贯以理性和秩序著称的德国社会民主党不愿轻易改变自己的政策。由卡尔·考茨基起草的1906年会议决议还对德国工会组织偏离社会民主原则的倾向提出了劝告。在法国，受乔治·索莱尔（George Sorel）的工团主义理念引导，工业暴动经常

---

① G. A. Cohen, *Marx's Theory of History,* Expanded Edition, New Jersey: Princeton University Press, 2001, p.37.

发生，工会组织越来越有信心。1907年之后，法国连续爆发的邮政和铁路工人大罢工重创了法国的经济，并使资产阶级感到十分恐惧。即便如此，德国的社会主义者依然无动于衷，他们坚信无产阶级的胜利是不可避免的；相反，法国、西班牙和意大利的工会却坚信同盟总罢工才必然会胜利①。在第二国际1907年斯图加特会议上，法国教师和社会党人古斯塔夫·艾尔维（Gustave Hervé）批评了德国社会民主党的无所作为，并提议以总罢工来对付即将到来的战争。在他的坚持下，会议通过了允许各国社会党"采取最有效的方式制止战争"的决议②。就连1907年7月在日本受到片山派欢迎的英国工党领袖哈叠也于1910年抛弃了议会政策③。1905年成立于美国芝加哥的世界产业工人联盟因美国劳动联合会反对工人直接的政治行动而与后者成了政治上的死敌④。

国际社会主义运动的大势如此，日本社会党的分裂也在所难免。正当幸德秋水无路可寻之时，从美国寄

---

① James Joll, *The Second International 1889-1914*, London: Routledge, 1974, pp.131-134.

② James Joll, *The Second International 1889-1914*, p.136.

③ James Joll, *The Second International 1889-1914*, p.142.

④ Paul Brissenden, *The I. W. W.: A Study of American Syndicalism,* 2ed., New York: Columbia University Press, 1920, p.83.

来的无政府主义共产主义者克鲁泡特金的《田野、工厂和工场》一书吸引了他，在之后的数年里，由被德国社会民主党开除后移居美国的约翰·莫斯特（Johann Most）和马克斯·施蒂纳（Max Stirner）的崇拜者本杰明·杜克（Benjamin Tucker）奠定的个人主义无政府主义传统[①]，以及美国工人运动中的无政府工团主义成了幸德秋水的言论和思想主题。1883年6月在美国纽约出版的《宣言》第二个英译本，就与莫斯特本人及其主编的杂志《自由》（*Die Freiheit*）有着密切的关系。1880年8月，这个无政府主义杂志在其创刊号上批评欧洲的社会民主主义，并且援引《宣言》中"共产党人不屑于隐瞒自己的观点和意图。他们公开宣布：他们的目的只有用暴力推翻全部现存的社会制度才能达到"，以及卡尔·李卜克内西拥护暴力革命的言论作证，将无政府主义立场树立为遵从《宣言》的马克思主义"正统派"。莫斯特等无政府主义者们以"不合时宜"为缘由在1883年《宣言》英文版中删掉了1851年德文版第二章中列举的10条革命措施[②]。

[①] Steve Shone (ed.) "Introduction", *American Anarchism*, Leiden: Brill, 2013, pp.1-11.
[②] 参看篠原敏昭、石塚正英编：《共産党宣言——解釈の革新》，东京：御茶の水書房，1998年，第177—204页。

无政府主义共产主义者对"无产阶级"性质的理解不同于社会民主主义者。首先，巴枯宁虽然十分赞赏马克思对阶级的分析，但不认同无产阶级战胜资产阶级是历史必然性在起作用，而是源于无产阶级本身具有的无穷创造力。在他看来，工人阶级的创造性是内在的，而工人大众和抽象的工人总体并不拥有这种品质。因此，与其说工人的阶级意识和行动需要通过人为的培养、组织、控制和训练才能产生和实现，不如说每个人一旦需要就会发挥出互相联合的社会本能[1]。其次，巴枯宁虽然认可资产阶级和无产阶级的仇视，但是同时也认为两者的界限非常模糊。1867年6月，在给瑞士伯尔尼新成立的"和平与自由同盟"起草的纲领中，巴枯宁说，有产者和无产者常常混杂一处，中间还有一些无法把握到的细微层次[2]。因此，在讲演和著作中，他经常以"人民"（le peuple）代替"无产阶级"。

《宣言》主张国家是历史的产物。由于自由竞争的需要，资产阶级将生产资料、财产和人口日益集中在少数人手里，这要求政治上必须建立一个中央集权

---

[1] D. H. Cole, *Marxism and Anarchism, A History of Socialist Thought*, vol. 2, London: Macmillan, 1963, p.222.

[2] Michel Bakunin, «Fédéralisme, socialisme et antitheologisme», dans *Œuvres* vol.1, Paris: P.-V. Stock, 1913, p.22.

的国家与之相适应。同时,"随着自由贸易的实现、世界市场的建立和工业生产以及与之相适应的生活条件趋于一致,各国人民之间的民族分隔和对立日益消失"。于是,"无论在英国和法国、无论在美国和德国,都是一样的,都使无产者失去了任何民族性"。因此,"联合行动,至少是文明国家的联合行动,是无产阶级获得解放的首要条件"[1]。应当指出,在包括《宣言》在内的马克思早期著作中,"Nation"(民族)一词是和"Staat"(国家)以及"Staatsvolk"(国族)是混用的,它并非指建立于生物学意义的种族理念之上的民族。按照19世纪中期欧洲的政治习惯,"Nation"是指居住在某一国土之内的民众,或者是"国民"(Staatsmitglieder),而"Nationalität"则指国民的一般特征[2]。在《宣言》里,马克思无意于提出一个"纯粹"的民族定义,而是更多地着眼于无产阶级革命的国际主义策略[3]。具体来说,马克思试图以"国族"为单

---

[1] 《共产党宣言》,收入《马克思恩格斯文集》第1卷,北京:人民出版社,2009年,第42页。

[2] Heinrich Cunow, *Die Marxsche Geschichts-, Gesellschafts-und Staatstheorie*, Bd.2, Berlin: Vorwärts, 1921, pp. 9-11.

[3] Georges Labica et Gérard Bensussan (dir.), *Dictionnaire critique du marxisme*, Paris: Presses universitaires de France, 3 éd., 1999, p.787.

第三章　世界主义、种族革命与《共产党宣言》中译文的诞生　273

位来分析在各个资本主义大国里无产阶级的人口数量及其空间分布状况，以便为无产阶级利用工人的国际联合力量首先推翻本国国内的资产阶级铺平道路，这就解释了《宣言》中一个看上去非常矛盾的问题：为什么它一方面号召无产阶级超越民族利益之上联合起来，另一方面又强调从形式上来说，"无产阶级反对资产阶级的斗争首先是一国范围内的斗争"[1]。巴枯宁承认国家的现象是历史的产物，主张彻底摧毁国家，恢复基于人与人的自然联合而形成的社会。1870年6月，在《上帝与国家》的手稿中，巴枯宁说，"国家是暴力、抢劫和劫略的历史性联姻，一句话，它是战争、征服与从民族的神学想象中被持续不断地制造出来的上帝的结合"，"是对残酷的暴力和无往而不胜的不平等现象的神圣肯定"。国家是对权威和暴力的夸耀和满足，其本质根本就不是什么良言规劝，而是强迫和命令，因此容易招致人们的反抗。与国家相反，社会的结合则是非权威的、非官方的和自然而然的，正因为如此，社会施予个人的行为反倒比国家更有力量[2]。应当说，《宣言》中的国

---

[1] 《共产党宣言》，收入《马克思恩格斯文集》第1卷，北京：人民出版社，2009年，第43页。
[2] Michel Bakunin, «Dieu et l'état», dans *Œuvres* T.1, James Guillaume et Max Nettlau, éd., Paris: P. -V. Stock, 1913, pp.288-289.

家存废思想在赋予巴枯宁以灵感的同时,也引导他从彻底的国际主义和世界主义的角度去理解和解释《宣言》中"工人阶级没有祖国"的这一思想。1868年12月22日,在致马克思的书信中,巴枯宁曾经这样说:"除了劳动者的世界之外,我不认识任何社会。我的祖国现在就是你所领导的国际。"① 就在同一年,巴枯宁在日内瓦加入了马克思领导的第一国际,但是不久之后,两人就因信念不同产生了矛盾,后者导致了1871年9月第一国际伦敦会议对其领导下的瑞士茹拉山区的组织——茹拉同盟——做出了一系列不利的决议,因为巴枯宁在当地进行的宣传活动已经使这个同盟偏离了社会主义轨道。两个月之后,为了对抗伦敦会议的决议,位于茹拉山区的6个国际分部在松维依(Sonveilier)召开会议,制定了以反权威和反国家为宗旨的同盟章程,章程规定未来的社会应建立在"自由"和"平等"之上。于是,巴枯宁和支持他的朋友詹姆士·纪尧姆(James Guillaume)一起在第一国际于1872年9月2日—7日召开的海牙会议上被开除出国际。几天之后,支持巴枯宁和纪尧姆的5个国际分部在圣-依梅(Saint-Imier)集会,通过了公开

---

① Michel Bakunin, «Fédéralisme, socialisme et antitheologisme», dans *Œuvres* T.6, Paris: P.-V. Stock, 1913, p.184.

宣称破坏所有的政治权力并公布无产阶级的首要任务、相互协作反对任何形式的权威、坚定地组织劳动以抵抗资本等五项决议和废除国家、戒绝选举、"绝对解放"无产阶级等措施，这些决议和措施成为"茹拉同盟"乃至世界各地无政府主义共产主义的行为准则[1]。"茹拉同盟"也为意大利、西班牙、法国、比利时、美国、荷兰和英国同盟联合起来建立一个新的组织奠定了基础。"茹拉同盟"以钟表匠等手工业者为主体，先后接纳了许多政治流亡者、遭到法国政府迫害的前巴黎公社革命者，以及俄国革命者。从1869年直至去世以后，巴枯宁一直都是"茹拉同盟"的"启示者"（révélateur）和精神领袖[2]。克鲁泡特金曾经先后于1872年春天和1877年1月来到茹拉。当他第二次，也就是在摆脱了沙皇政府的控制之后再次来到茹拉时，他加入了同盟，从此转变成为一个追随巴枯宁的无政府主义共产主义者。尽管这两

---

[1] Charles Thomann, *Le Movement anarchiste dans les montagnes neuchâteloise et le Jura Bernois,* La-chaux-de-Fonds: Imprimerie de coopérative réunies, 1947, pp.56-71.

[2] Marianne Enckell, *La Fédération jurassienne, Les origines de l'anarchisme en Suisse*, Genève: Entremonde, 2012, p.20.

个人从未谋面[1], 但在彻底摧毁国家和提倡以劳动者自由联合的小团体来抵抗资本主义的策略选择上, 巴枯宁却给正在思索革命实践方式的克鲁泡特金带来了希望的曙光。在"茹拉同盟", 他先后结识了慕名来到这里的许多著名无政府主义者, 如莱克律 (Elisée Réclus)、平蒂 (Louis-Jean Pindy)、布鲁斯 (Paul Brousse), 勒弗朗赛 (Gustave Lefrancais), 马龙 (Benoit Malon) 和马拉特斯塔 (Errico Malatesta) 等人, 并且创办了无政府主义杂志《反抗者》(*Le Revolté*)[2]。从1877年6月发表在"茹拉同盟"会刊上的文章看, 克鲁泡特金已经抛弃议会主义, 转入了对民众革命实践的思考。他认为社会革命只能依靠民众自己, 其反抗意志将在抗议和反叛的实际行动中浮现出来[3]。在与莱克律以及世界各地的革命者的讨论党中, 克鲁泡特金形成了无政府主义共产

---

[1] 据说当他在1872年春天初次来到茹拉时, 就想通过同盟的领导者纪尧姆和阿德马尔·施维茨戈贝尔结识巴枯宁, 但后者却因怀疑克氏与观点比较温和的民粹派彼得·拉夫罗夫 (Pyotr Lavrov) 有联系而拒绝与之会面。详见Caroline Cahm, *Kropotkin and the Rise of Revolutionary Anarchism 1872-1886*, Cambridge: Cambridge University Press, 1989, p.27.

[2] D. H. Cole, *Marxism and Anarchism, A History of Socialist Thought*, vol. 2, London: Macmillan, 1963, p.346.

[3] Caroline Cahm, *Kropotkin and the Rise of Revolutionary Anarchism 1872-1886*, p.45-46.

第三章　世界主义、种族革命与《共产党宣言》中译文的诞生　277

主义思想,告别了1860—1870年代以来的纯粹无政府主义思想。实际上,自1877年直至1881年被驱逐出境,克鲁泡特金代替1876年去世的巴枯宁成了"茹拉同盟"的新领袖。"茹拉同盟"的政治经验和劳动组织方式为他后来在旅居伦敦时撰写的两本著作提供了主要的理论源泉,这两本书分别是1892年出版的《夺取面包》和1902年面世的《乡村、工厂和工场》。

让我们再次把目光转向1907年的东京。8月31日,"社会主义讲习会"召开第一次会议,幸德秋水应邀讲演;9月6日,"金耀讲演会"开会讨论对"茹拉同盟"的评价问题;秋天,"亚洲和亲会"在东京青山成立,会议公布了由章太炎起草的约章;11月30日,刘师培在《天义》第11、12卷合册上发表《亚洲现势论》。因此我们有理由认为,在上述革命氛围中成立的"亚洲和亲会"就是仿照"茹拉同盟"的模式建立的亚洲无政府主义共产主义团体。刘师培的《亚洲现势论》甚至被日本学者白石昌也视为该会的"宣言"(Manifesto)[①]。的确如此,文章不仅引用了《共产党宣言》的言论,而

[①] 白石昌也:《明治末期の在日ベトナム人とアジア諸民族連携の試み:「東亜同盟会」ないしは「亜州和親会」をめぐって》,载《東南アジア研究》第20卷第3号,1982年12月,第342页。

且从行文风格上来看，作者显然是在模仿《宣言》的修辞，且看其首句便知："今日之世界，强权横行之世界也，而亚洲之地，又为白种强权所加之地。"[①] "亚洲和亲会"或者"东亚同盟会"英文译名"The Asiatic Humanitarian Brotherhood"中的"Brotherhood"即"人道兄弟情义"一词来自法文"l'humaine fraternité"，这是巴枯宁在《联邦主义、社会主义和反对神学主义》（1867）中作为"同盟主义"的原则和理念提出来的。他说："我们相信人权，相信人类必要的尊严和解放，相信建立在人道正义之上的人道兄弟情义。"[②] 这个理念后来成了"茹拉同盟"的基本原则，克鲁泡特金第一次来到茹拉时就曾经对当地人与人之间的"人道兄弟情义"深有感触，他在回忆这段经历时说："训导……建立在人们的兄弟情义之上，不分等级、种族和国籍。"[③] 读过克氏《一个革命者的回忆录》的幸德秋水在美国时就实地体会到了工人阶级的"国际兄弟情义"，那时世

[①] 申叔（刘师培）：《亚洲现势论》，《天义》第11、12卷合册，1907年11月30日，《天义·衡报（上）》，第176页。

[②] Michel Bakunin, «Fédéralisme, socialisme et antithéologisme», dans *Œuvres* T.1, Paris: P.-V. Stock, 1913, p.155.

[③] Peter Kropotkin, *Memoirs of a Revolutionist*, London: Smith Adler & Co., 1899, p.51.

界产业工人联盟就曾经反对美国劳动联合会歧视中国、日本和朝鲜工人的做法，积极吸收这些亚洲工人入会[1]。在"社会主义讲习会"讲演的最后，他说："无政府主义在于视万国为一体，无所谓国界，亦无所谓种界，主义相同则视之为兄弟"，"中日两国地域相近，诸君如抱此旨，则此后两国国民均可互相扶助、互相运动，及联合既固，以促无政府主义之实现，此予之所深望者也"[2]。此外，"亚洲和亲会"约章中言明的"独立主义""无会长、干事"和"平均权利"的内容也与圣-依梅会议通过的第一项决议，即"不受任何政府控制的完全独立"的条款基本吻合。与"茹拉同盟"一样，"亚洲和亲会"接受任何拥有不同政治主张的各色人等，如"无论民族主义、共和主义、无政府主义、社会主义"[3]，但这并不妨碍此会的无政府主义共产主义性质。

章太炎执笔的约章突出强调了亚洲各国的政治和文化独立，所谓"反对帝国主义而自保其邦族。他日攘斥异种，森然自举，东南群辅，势若束芦。集庶性之宗

---

[1] John Crump, *The Origin of Japanese Socialism*, pp.457-468.
[2] 《续社会主义讲习会第一次开会记事（录〈天义报〉附张）》，《新世纪》第26号，1907年12月14日，第4页。
[3] 陶铸（治公）：《〈亚洲和亲会约章〉中文抄稿》，转引自万仕国：《刘师培年谱》，扬州：广陵书社，2003年，第101页。

盟，修阔绝之旧好，用振我婆罗门、乔达摩、孔、老之教，务为慈悲恻怛，以排除西方旃陀罗之伪道德"[1]。至于亚洲人为何联合以及如何联合这项理论工作则是由刘师培来完成的。如前文所揭，与越南东游运动领袖潘佩珠一样，刘师培对1907年亚洲形势的把握非常准确：日俄战争结束之后，"日本之于亚洲，不独为朝鲜之敌，且也为印度、安南、中国、斐律宾之公敌"。因此，亚洲诸国不能指望得到强国日本的援助，反而只能依靠自身的联合获得解放，其彼此联合的动力首先来自印度、安南和朝鲜各国人民均"久抱独立之精神"的事实；其次，列强在中国、印度、安南和朝鲜进行的经济掠夺造成亚洲全境日益贫困，社会主义学说和团体因之"渐次而生"，而在波斯、中国、朝鲜频频出现的暗杀"亦隐与无政府党暗符"；最后，由于拥有相同的文化、宗教和礼俗，亚洲各国易于联合且已经出现联合的趋势。面对以上国际格局，刘师培提出了如下主张："一曰非亚洲弱种实行独立，不能颠覆强族之政府；二曰亚洲弱种非与强国诸民党相联，不能实行独立。"在他看来，亚洲联合的目的不止为了寻求各国的独立自

---

[1] 陶铸（治公）：《〈亚洲和亲会约章〉中文抄稿》，转引自万仕国：《刘师培年谱》，第100页。

主，其终极的目标在于"颠覆强族之政府"。强国致强的原因乃"帝国主义盛行之故"，是政府和资本家合伙攫取本国人民金钱而已，其手段是增加国民的税负和扩充军备，借此"劫夺平民之权，而潜夺其利"，致使国内贫富不均。接着，作者援引马克思的《宣言》说明，正是欧洲资本家或者克鲁泡特金所说的"富民"持续不断地市场扩张造成了国内平民生活的贫困。应当指出，马克思对资本主义经济危机与克鲁泡特金对工业危机导致社会贫困之原因的解释是不同的。马克思认为资本主义危机本质上是生产和消费两个本应相互分离的资本流通环节被人为地聚合为一体从而产生了矛盾所致[①]。克鲁泡特金则认为，发达资本主义国家将落后国家卷入世界市场，而当这些落后国家生产的工业品反过来参与了发达资本主义的国内竞争之时，其结果就导致了本国工业的危机[②]。刘师培接着说，除了对平民进行经济剥削之外，强国政府还利用强大的军队镇压国内平民的反叛和民党的革命行动。总之，"国愈小者民欲安，国愈强者民愈困"。鉴于此，亚洲弱小国家革命者应当与强国

---

① Michael Quante u. David P. Schweikard, Hrsg. v. *Marx-Handbuch Leben – Werk – Wirkung*, Hamburg: J.B. Metzler Verlag, 2016, pp.181-185.

② Pierre Kropotkine, *L'Anarchie, sa philosophie – son ideal*, 2éd., Paris, P.-V Stock, 1897, p.24.

的民党携起手来里应外合，一举推翻强国的政府，最终"废灭""世界人治"。只有在世界主义和非军备主义的旗帜之下，与强国里那些从事反对帝国主义的民党联合起来，亚洲革命才能走上正途。作为强国民党支持所属殖民地国家人民独立斗争的例证，文章首先举出了日本社会民主党，尤其是"直接行动派"，后者曾经集会共商"扶植朝鲜之策"；留美日本民党曾计划暗杀天皇；还有英国工党领袖哈叠鼓吹印度人民独立；法国社会党艾尔威欲以同盟总罢工来阻止帝国主义战争等等。刘师培为"亚洲和亲会"制定的具体战略为：1.在各国未宣布独立之前，鼓吹非军备主义，以便解散日本军队，向所在国表明自己独立的决心；2.宣布独立之后，敦促日本社会党反对增加军费，鼓动士兵罢战。假如该党势力尚充足，可联合亚洲各国民党同时发难，使英、法、德、美、日本政府迫于内乱无暇远征，于是亚洲便可获得自由；3.取得独立之后，为了防止使人民再度陷入权利的压迫，应当不再设立政府，实行巴枯宁的联邦主义（Fédéralism）即"同盟主义"或克鲁泡特金的自由结合，"庶人民之幸福得以永远维持"[①]。

---

① 申叔（刘师培）：《亚洲现势论》，《天义》第11、12卷合册，1907年11月30日，《天义·衡报（上）》，第169—181页。

"为了让社会主义自由崛起,应当从头到脚重建一个社会,将它建立在小商人的个人领地之上,这不仅关乎一个迎合形而上学潮流的说法——将劳动者的产品全部归还他,而且还关乎重新制定各种各样的关系……"[1]在《国家及其历史作用》的讲演中,克鲁泡特金认为近代国家的形成是建立在剥夺市民和农民生存权的基础之上的。因此共产主义无政府主义主张社会革命的任务首先在于恢复平民阶层曾经失去的权利。《天义》本就是以何震为首的"女子复权会"的机关刊物[2],无政府主义的"复权"观念也是刘师培看待历史和现实问题的出发点。在《中国现势论》中,他从主张民权和民利的角度对清政府从1901年以来推行的新政提出了激烈的批评。其一,举办新政如兴建铁路和开发矿产等等实业需要巨大的财政投入,这大大增加了人民的税负,使传统的纳税制度几乎沦为一项苛政;其二,为了防止人民因无力纳税而起身造反,政府不得不大量向列强和资本家

---

[1] P. Kropotekine, *L'Etat, son rôle historique*, Paris: Aux Bureau des "Tems Nouveaux", 1906, p.50.
[2] 《女子复权会简章》第一号末,1907年6月1日,《天义·衡报(上)》,第581页。

筹借外债，结果导致国家主权日益丧失①。在《论新政为病民之根》中，刘师培指出新式学堂造成贫民失学、代议政体蜕变为"豪民政治"、实业发展导致大资本家对小商人的兼并、法律沦为富人的工具凡此种种新政的弊病，并认为近代西方政治制度是欧美和日本封建制度的衍生物和"变相"，只不过比之于过去的封建制度"稍善"而已，但就其本质而言，如马克思在《宣言》中说，"盖去往昔阶级制度，新阶级制度代之者也"。然而，刘师培认为这种政治制度并不适合中国，因为封建制度在两千年前的中国就已宣告结束，人民久已习惯于"放任政治，以保无形之自由"。在传统中国社会里，除君主和官吏之外，无论贵族和富民共同遵守一部法律，没有产生类似日本的豪民政治。基于上述政治文化，刘师培认为，"无政府之制，行于新政未行之日，较之欧美、日本，尤属易行"。他将欧美和日本的现行政治制度，连同清政府正在实施的新政一起斥之为"伪文明"②，这不能不令人想起马克思在《共产党宣言》中对资产阶级文明的批判："它迫使一切民族——如果它

---

① 载《天义》第11、12卷合册，1907年11月30日，《天义·衡报（上）》，第182页。
② 载《天义》第11、12卷合册，1907年11月30日，《天义·衡报（上）》，第148页。

第三章　世界主义、种族革命与《共产党宣言》中译文的诞生　285

们不想灭亡的话——采用资产阶级的生产方式；它迫使它们在自己那里推行所谓的文明，即变成资产者。一句话，它按照自己的面貌为自己创造了一个世界。"[①]

　　破除国家的目的在于恢复人与人之间的绝对平等关系，在巴枯宁看来，"联合"才是人类的社会本能，他相信与生俱来的巨大团结力量终究会超越肤色和种族差异把人们联合在一起[②]。如果要实现真正的平等，就必须破除种族界限以及造成种族分离的政治特权。刘师培认为实行无政府主义制度的障碍首先来自中国传统社会的特权。循此可知，所谓满汉问题的实质是民族之间的不平等，因此以排满为目标的种族革命应为追求民族平等的无政府革命所替代。在《论种族革命与无政府革命之得失》中，他指出了提倡民族主义者的错误在于：1.如若承袭"华夷之防"的遗风，则汉族不能与回族、苗族杂居；如若汉族夺得统治权，则与满人统治汉、蒙、回、藏无异；2.无论持排满论的革命者，还是主张立宪的保皇党人都有取代满人掌握政权的"帝王思想"；3.种族革命是少数人的革命，不如多数人参与的

[①] 《共产党宣言》，收入《马克思恩格斯文集》，第35—36页。
[②] Michel Bakounine, «Fédéralisme, socialisme et antitheologisme», dans Œuvres, T.1, p.132.

平民革命更为根本。因此,他认为中国革命的任务是废除满洲人的君统,实行涵盖种族、政治和经济革命在内的无政府革命[①]。1908年5月,刘师培借鉴了马克思在《宣言》中运用的阶级分析方法,依据清代的历史文献,厘定了汉族和满族所处的不同阶级地位:"满族人所居地位,略与外邦田主、资本家相同;而多数汉民,则均处劳动地位者也。"因此,刘师培认为针对满人的革命措施应分为以下两个方面:在经济革命方面,应当像抵抗地主和资本家一样抵抗八旗制度;在政治革命方面,应当首先废除满人的君统,共产主义社会建成之后,让他们与汉人共同劳动。旗人内部也理应区分上下,下层的蒙古和汉军旗应当通过阶级斗争方式来抵抗满人上层;而多数满人应联合起来对抗上层,拒服兵役,并与汉人携起手来共同进行社会革命,建成共产主义社会,实现真正的民族平等,"使巴枯宁、苦鲁巴金之美举重现东亚"[②]。

无政府主义共产主义是反对任何权威和权力中心的共产主义,克鲁泡特金在10、11和12世纪的欧洲村镇

[①] 载《天义》第6卷合册,1907年9月1日,《天义·衡报(上)》,第120—133页。
[②] 《社会革命与排满》,《衡报》第3号,1908年5月18日,《天义·衡报(下)》,第120—133页。

第三章　世界主义、种族革命与《共产党宣言》中译文的诞生　287

中找到了它的原型，那里的人们经过了三个世纪的奋斗从种种宗教和世俗的压迫中解放出来，发展出了一种共同劳动和共同消费的村镇模式，这种模式一直持续到了18世纪[1]。作为经学家的刘师培也在中国古史发现了类似的原始共产主义制度，这就是《汉书·张鲁传》记载的按需索取的"义舍"制度[2]。不仅如此，他还在1908年夏天席卷整个江南的洪灾过后人们不分贫富、相互扶助的景象中看到了原始共产主义社会在当代的遗存[3]。1907年10月，刘师培成立了"农民疾苦调查会"[4]。从1908年4月开始，《衡报》连续发表了对山东、贵州和四川等地农民生活状况的调查报告，他终于从这里找到了无政府主义共产主义革命的主体——农民。1908年6月，在《无政府革命与农民革命》中，刘师培断言："中国农民果革命，则无政府革命成矣。故欲行无政府革命，

---

[1] Pierre Kropotkine, *La conquète du pain*, 2éd., Paris: Tress & Stock, 1892, pp.34-35.
[2] 《论共产制易行于中国》，《衡报》第2号，1908年5月8日，《天义·衡报（下）》，第643页。
[3] 《论水灾系无政府之现象》，《论水灾为实行共产之机会》，《衡报》第8号，1908年7月8日，《天义·衡报（下）》，第708—711页。
[4] 《农民疾苦调查会章程》，《天义》第8、9卷合册，1907年10月，《天义·衡报（上）》，第549页。

必自农民革命始。"[①]

《共产党宣言》中译文是中日革命者1907—1908年在日本东京密切交流与合作的产物。那时，在"全世界无产者联合起来"的感召下，正在遭受重大挫折的幸德秋水等日本社会主义者，在章太炎、张继、刘师培和何震等中国革命者的身上看到了亚洲普遍革命的希望；中国革命者也在与对方的接触中重树了革命的信心和新的革命策略。以无政府主义立场改写的中译文《宣言》将其国际主义精神延伸为一种跨越国界和种族的世界主义，从而在一定程度上修正了孙中山前期以汉族为中心的民族主义革命方略。与此同时，《宣言》赋予了旧式经学家兼革命家刘师培以一种深邃的历史眼光，透过历史的迷雾，他重新认识了中国传统社会的政治文化，并重新调整了他对中国革命的构想。就在《宣言》中译文诞生前后，刘师培从种族革命者转变成了一位提倡满汉平等和提携的无政府主义共产主义者，再变而成为一个传统主义者。尽管他提出的无政府革命方案早已被淹没在中国现代革命的历史废墟当中，但他以中国农民革命和小自由联合体来抵抗资本主义造成的社会分裂的构想，在今天依然值得我们去认真思考。

[①] 《衡报》第7号（农民号），1908年6月28日，《天义·衡报（下）》，第685页。

图书在版编目（CIP）数据

寻找新的主体：19世纪的革命、政治与共同体话语／梁展著. —成都：四川人民出版社，2025.2
（"经典与解释"论丛／刘小枫主编）
ISBN 978-7-220-13467-8

Ⅰ.①寻… Ⅱ.①梁… Ⅲ.①马克思主义—共同体—研究 Ⅳ.①A811.64

中国国家版本馆CIP数据核字(2023)第175720号

"经典与解释"论丛　刘小枫　主编

XUNZHAO XIN DE ZHUTI：19 SHIJI DE GEMING、ZHENGZHI YU GONGTONGTI HUAYU

寻找新的主体：19世纪的革命、政治与共同体话语

梁展　著

出 版 人	黄立新
策划统筹	封　龙
责任编辑	葛　天
封面设计	周伟伟
版式设计	张迪茗
责任印制	周　奇
出版发行	四川人民出版社（成都市三色路238号）
网　　址	http://www.scpph.com
E-mail	scrmcbs@sina.com
新浪微博	@四川人民出版社
微信公众号	四川人民出版社
发行部业务电话	（028）86361653　86361656
防盗版举报电话	（028）86361661
照　　排	四川胜翔数码印务设计有限公司
印　　刷	成都东江印务有限公司
成品尺寸	130mm×210mm
印　　张	9.25
字　　数	160千
版　　次	2025年2月第1版
印　　次	2025年2月第1次印刷
书　　号	ISBN 978-7-220-13467-8
定　　价	68.00元

■版权所有·侵权必究

本书若出现印装质量问题，请与我社发行部联系调换
电话：（028）86361656

壹卷
YE BOOK

洞 见 人 和 时 代

官方微博：@壹卷YeBook
官方豆瓣：壹卷YeBook
微信公众号：壹卷YeBook
媒体联系：yebook2019@163.com

壹卷工作室
微信公众号